Historia The Great Controversy

대논쟁

히스토리아 대논쟁 3

초판 1쇄 인쇄 2008년 12월 26일
초판 1쇄 발행 2008년 12월 31일

지은이 박홍순
펴낸이 이영선 | **펴낸곳** 서해문집
주간 강영선 | **편집장** 김선정
편집 김문정 이윤희 최수연 임경훈
디자인 오성희 김민정 김현주
마케팅 김일신 박성욱
관리 박정래 손미경
출판등록 1989년 3월 16일 (제406-2005-000047호)
주소 경기도 파주시 교하읍 문발리 파주출판도시 498-7
전화 (031)955-7470 | **팩스** (031)955-7469
홈페이지 www.booksea.co.kr | **이메일** shmj21@hanmail.net

ⓒ 박홍순, 2008
ISBN 978-89-7483-371-8 04100
ISBN 978-89-7483-367-1 (세트)

값은 뒤표지에 있습니다.

이 도서의 국립중앙도서관 출판시도서목록(CIP)은 e-CIP 홈페이지
(http://www.nl.go.kr/ecip)에서 이용하실 수 있습니다.(CIP제어번호: CIP2008003870)

HiStoria

대논쟁

The Great
Controversy

글 · 그림 박홍순

민주주의

보비오 vs
잉그라오 · 카터

vs

롤스 vs 켈젠 · 싱어

시민 불복종

서해문집

왜 히스토리아 대논쟁인가?

현대 사회는 논쟁이 없는 사회이다. 실용주의가 최고의 가치로 인정되는 사회에서 논쟁은 설 자리를 잃어가고 있다. 어느 것이 옳고 정당한가의 문제는 흘러간 옛 노래 취급을 받고 있으며, 어느 것이 이익인가만이 현대인의 사고를 지배하고 있다. 현대인에게 목적은 이미 주어져 있다. 현대인에게 주어진 목적이란 사회적으로는 과학기술과 경제의 발전이요 개인적으로는 부의 축적, 안락한 생활이다. 남은 것은 어떻게 하면 주어진 목적을 가장 효과적으로 실현할 것인가라는 방법의 문제이고, 이것만이 관심의 대상이다.

효율성이 지배하는 사회에서 논쟁이 사라지는 것은 어찌 보면 당연하다. 그러한 사회에서 목적을 고민하는 것은 의사가 수술대 위에 있는 환자를 두고 생명의 가치에 대해 고민하는 것만큼이나 시간 낭비이자 태만으로 받아들여지는 까닭이다.

그러나 논쟁이 없는 사회는 죽은 사회이다. 논쟁은 사회적인 반성과 긴장을 만들어낸다. 특히 무한경쟁 사회로 불리는 현대 사회에서 웬만큼 스스로를 긴장시키지 않고서는 좀처럼 뒤를 돌아볼 기회를 갖기 어렵다. 원래 빠르게 달리는 차에 타고 있으면 속도감을 덜 느끼기 마련이다. 우리들은 속도감에 취해 이제 어디로 가는지, 얼마나 정신없이 달리고 있는지도 잊어버렸다. 환경과 생태계 파괴, 세계적인 빈부 격차와 기아의 확대, 되풀이되는 전쟁과 대량 살상 무기의 온존, 갈수록 고립되어 가는 개인…, 이미 우리 옆에 재앙의 그림자가 바짝 다가와 있지만 실감하는 사람은 극소수에 불과하다. 스스로를 반성하는 능력의 상실은 자정 능력의 상실을 낳았다.

세계적으로 나타나는 인문학의 위기는 논쟁이 사라진 우리 사회의 현주소를 잘 보여준다. 지금 우리에게 필요한 것은 '등에'이다. 소크라테스가 강조한 그 쇠파리 말이다. 경쟁 이외에는 다른 아무런 자극도 받지 않기에 무딘 몸뚱이를 거대하게 불려가는 현대 사회에 지속적으로 따끔한 자극을 주는 침이 필요하다. 누가 등에의 역할을 할 것인가? 선구자나 초인이 나타나 우리를 인도할 수 있는 시대는 한참 지났다. 이제는 우리 스스로 등에가 되어야 한다.

《히스토리아 대논쟁》은 이러한 취지에서 마련되었다. 지난 수천 년에 걸친 인류 역사에서 주요한 국면마다 뜨거운 대논쟁이 있었다. 주요 사상가들의 대논쟁은 인간과 사회에 대한 통찰과 문제의식을 가득 담고 있는 인류 지식의 보고이다. 하지만 《히스토리아 대논쟁》을 통해 단순히 많은 지식을 획득하고자 하는 것은 아니다. 자신의 머리와 가슴으로 문제를 의식하고 분석하며 해결 방향을 모색할 수 있도록, 다시 말해 독자적 사고를 하는 데 기여하는 것이 일차적인 목적이다. 비판적 사고, 논리적 사고, 창의적 사고의 발전을 이루는 데 활발한 토론과 논쟁만큼 빠르고 바른 길은 없다.

자, 이제 논쟁의 바다에 빠져들자!

보비오와 잉그라오, 카터

민주주의가 정착되었다고 하는 현대 사회이지만 민주주의는 여전히 뜨거운 화두다. 1980년대 말 동구 사회주의가 몰락하면서 민주주의에 대한 논쟁은 한동안 주춤했다. 하지만 민주주의의 승리를 외치던 자본주의 사회에서 권위주의, 전체주의적 요소가 증가하면서 민주주의에 대한 새로운 논의와 모색이 활성화되고 있다.

1980~1990년대 민주화 운동이 들불처럼 일면서 민주주의 제도가 자리 잡았다고 하는 한국에서도 민주주의 논란은 계속되고 있다. 특히 2008년 촛불시위는 그 논쟁의 도화선 역할을 했다. 정치학자 최장집 교수는 '민주화 이후의 민주주의'라는 문제를 제기한다. 절차적인, 제도적인 차원에서 민주주의가 정착되었다고 해서 민주주의가 충족되었다고 볼 수 없다는 것이다.

민주주의가 필요하다는 점에는 모두가 동의하지만 문제는 무엇이 진정한 민주주의인가이다. 이러한 문제의식에 기반해 〈보비오와 잉그라오, 카터의 민주주의 논쟁〉에서는 '대의민주주의인가, 직접민주주의인가?', '직접행동은 민주주의를 발전시키는가?'라는 질문을 통해 모든 사회·정치 이론의 토대가 되는 민주주의를 고민함으로써 현대 사회의 성격을 이해하고 사회 변화의 이상을 구상해본다.

롤스와 켈젠, 싱어

민주주의 절차가 보장된 사회에서도 부정의한 법과 제도가 만들어질 가능성은 존재한다. 또 법을 집행하는 과정에서 인권을 침해하는 일이 발생할 수도 있다. 이런 상황에서 시민들이 선택할 수 있는 가장 적극적인 저항의 방법은 정부 또는 점령국의 요구·명령에 복종하기를 거부하는 것이다.

불복종의 역사는 생각보다 오래되었다. 기원전 4세기 소크라테스가 법정에 기소되었을 당시, 그는 사형 선고를 앞두고 최후 변론을 하면서 죽음을 두려워하여 부정의한 일에 복종하느니 죽음을 택하겠다고 선언했다. 법원에서 철학을 포기할 것을 조건으로 석방해준다 하더라도 거부하겠다는 주장이었다. 이후 불복종의 이념은 서구 역사에 면면히 내려왔고, 그 논의를 본격적으로 활성화한 인물이 헨리 데이비드 소로다. 그는 법보다 정의를 존경할 것을, 불의에 맞설 것을 주장하였고, 그 스스로도 그러한 신념을 실천에 옮기며 살았다. 소로에 감명을 받은 간디는 영국 식민 정부에 대항하여 불복종 운동을 펼쳤고, 미국의 마틴 루서 킹은 흑인차별 철폐를 위해 불복종 운동을 펼쳤다.

〈롤스와 켈젠, 싱어의 시민 불복종 논쟁〉에서는 '시민 불복종은 정당화될 수 있는가', '시민 불복종은 어디까지 정당화될 수 있는가'라는 질문을 던지며 개인과 국가가 어떤 관계를 맺어야 할지에 대해 고민한다.

차례

1부
보비오와 잉그라오, 카터의 민주주의 논쟁

2부 롤스와 켈젠, 싱어의 시민 불복종 논쟁

보비오와 잉그라오, 카터의
민주주의 논쟁

대의민주의인가, 직접민주주의인가?
직접행동은 민주주의를 발전시키는가?

VS.

대의민주주의인가, 직접민주주의인가?

박쌤 | 오늘은 민주주의라는 거대한 주제를 놓고 논쟁의 장을 마련했습니다. 아마 현재 존재하는 국가 중에 헌법 조항에 민주주의라는 문구를 사용하지 않는 나라는 없을 것입니다. 그만큼 어느 세력도 민주주의 자체를 부정하지는 않습니다. 과거에 자본주의와 사회주의 진영 간의 민주주의 논쟁도 그러했죠. 민주주의가 필요한 것인지에 대한 논쟁이 아니라 자본주의가 진정한 민주주의인지, 아니면 사회주의가 민주주의의 진정한 내용을 담고 있는지를 중심으로 논쟁이 전개되었습니다.

　1989년, 소련을 비롯하여 동구 사회주의가 붕괴된 후 민주주의 논쟁은 잠시 주춤하는 듯싶었죠. 흔히 자본주의와 사회주의의 구분을 민주주의와 사회주의로 대신하던 사람들에게 동구의 붕괴는 민주주의의 승리로 여겨졌습니다. 이제는 민주주의가 더 꽃을 피우는 일만 남았다는 기대가 가득했습니다. 하지만 이후의 과정에서 사람들의 기대와는 다르게 민주주의가 퇴행하는 현상이 많이 보였습니다. 특히 요즘 신자유주의의 등장과 함께 시장 만능주의가 민주주의를 대신하는 경향이 강화되면서 민주주의에 대한 새로운 논의와 모색이 활성화되고 있습니다.

오늘 이 자리에는 현대 민주주의 논의에 큰 획을 그은 보비오 논쟁의 당사자, 보비오 선생과 잉그라오 선생을 모셔 뜨거운 논쟁을 펼쳐보겠습니다. 오늘의 쟁점은 크게 두 가지로 구분됩니다.

- 대의민주주의인가, 직접민주주의인가?
- 직접행동은 민주주의를 발전시키는가?

대의제와 관련된 앞의 쟁점에 대해서는 두 분 선생과 대담을 진행할 예정입니다. 그런데 보비오 논쟁 이래 20세기 후반을 거치면서 민주주의 논쟁에는 제도적인 차원의 접근과 함께 또 하나의 중요한 부분이 부각되고 있는데요. 바로 대중의 '직접행동'의 의미와 역할에 대한 논의입니다. 이에 대해서는 보비오 선생과 에이프릴 카터 선생의 논쟁으로 자리를 이어갈 생각입니다.

먼저 보비오 선생이 생각하는 민주주의의 가장 기본적이고 중요한 원칙들을 제시해주는 것에서 논쟁의 실마리를 풀어나가는 게 좋겠습니다. 아무래도 민주주의의 개념을 어떻게 설정하느냐에 따라서 접근이 상당히 달라질 테니까요.

보비오 | 앞에서 박쌤이 얘기한, 자본주의를 민주주의와 동일시하는 경향은 민주주의에 대한 기본적인 이해도 되어 있지 않은 황당한 발상인데도 오랜 기간 냉전을 등에 업고 많은 사람들의 의식을 지배했습니다. 자본주의 사회에서도 초보적인 민주주의조차 지켜지지 않는 독재국가가 상당수 존재했었죠. 반대로 사회주의와 민주주의가 접목될 수 없는 것도 아니고요. 그러니 더욱 민주주의의 핵심 요소에 대한 정확한 이해가 필요하다고 할 수 있습니다.

가장 기본적인 요소로 일정한 연령 이상에 해당하는 모든 시민들에게 투표권이 보장되어야 한다는 것과 다수결에 의한 결정 절차가 마련되어야 한다는 것을 들 수 있습니다. 하지만 이것만으로 민주주의가 실현되는 것은 아닙니다. 민주주의의 요소란 민주주의가 유지될 수 있는 장치를 말하는 것이거든요. 어떠한 세력이나 집단이 집권을 하더라도 민주주의의 원리가 작동할 수 있게 하는 장치 말입니다. 그런데 다수결 절차만으로는 가장 극단적인 독재 체제도 들어설수 있다는 한계가 있습니다. 히틀러의 파시즘 체제조차도 선거라는 절차를 통해서 다수결에 의해 구축된 것이니까요.

그러므로 참정권과 다수결 이상의 요건이 필요합니다. 우리가 흔히 말하는 '소수 의견 존중'이라고 하는 원리가 포함되어야 해요. 그런데 소수 의견을 존중한다고 하면 일종의 '태도' 문제로 보는 경향이 있는 것 같습니다. 만약 이게 단순한 태도나 마음가짐의 문제라면 전체주의나 독재를 방지할 만한 효력을 전혀 지니지 못하는 허수아비에 불과할 것입니다. 겉으로 소수 의견을 존중한다고 말하면서 실질적으로 억압하면 말짱 헛것이 되어버리니까요. 소수 의견을 존중한다는 것은 소수파가 언제든지 다수파가 될 수 있는 실질적인 기회를 보장해야 한다는 것입니다. 그래야 다수라는 이름으로 억압적인 정치 체제를 만드는 데 제동을 거는 역할을 할 수 있겠죠. 이를 위해서는 소수 의견이 실질적으로 존중될 수 있는 제도적 장치가 보장되어야 해요. 저는 이를 위한 가장 핵심적인 장치가 여론 형성의 자유, 표현의 자유, 언론의 자유, 집회·결사의 자유 등과 같은 기본권의 제도적 보장이라고 봅니다.

이는 자유주의 원리라고 부르는 것의 정치적 실현 형태들이죠. 그런 점에서 민주주의는 자유주의를 통해 실현될 수 있는 것이라고 볼 수 있죠. 물론 자유주의가 안정된 기반을 갖기 위해서는 민주주의가 필수적이기도 하고요. 대의민주주의라고 하면 단순히 다수결만을 생각하는 사람이 많은데, 이는 역사적으로 다수가 저지른 횡포를 망각한 탓입니다. 소수가 언제든지 다수로 전환할 수 있는 장치를 갖춘 대의제야말로 진정한 의미에서 민주주의에 가장 근접한 제도일 것입니다.

잉그라오 | 보비오 선생의 주장은 대의제라는 한정된 제도 안에서만 바라보면 상당히 설득력이 있다고 생각해요. 보비오 선생이 주장하는 방식의 대의제는 그 이전에 다수결이면 모든 것이 다 해결되는 것처럼 여기던 천박한 민주주의 이론에 비해 일보 전진한 긍정적인 내용을 담고 있습니다. 하지만 긍정성은 딱 여기까지라고 봐야 합니

다. 기본적으로 민주주의의 문제를 대의제라는 간접적 방식으로 제한한다는 점에서는 민주주의의 폭을 좁히고 있다고 생각해요.

보비오 선생은 대의민주주의 아래에서 자신의 권리를 행사하는 주체를 지칭하면서 자주 시민이라는 표현을 사용합니다. 이는 다분히 의도적인 것으로 보이는데요. 대의민주주의라는 틀 내에서 자본가와 노동자의 차이는 사라져버립니다. 왜냐하면 누구나 한 표를 행사하는 유권자의 자격으로만 만나기 때문입니다. 보비오 선생은 자본가와 노동자를 절차적인 측면에서 동등하게 만들기 위해 그들을 시민으로서의 추상적인 역할 안에서만 바라보는 것이지요.

대의민주주의 아래에서는 나라를 막론하고 투표율이 떨어지는 현상이 두드러지게 나타납니다. 왜 그럴까요? 왜 노동자들은 자본가와 동일하게 한 표를 행사하는 주체인데도, 또 구성원의 수로 봤을 때 훨씬 더 많은 부분을 차지하고 있어서 유리한 위치에 있는데도 투표장에 가지 않을까요? 그것은 그들이 그동안의 경험으로 대의제 선거를 통해서 주권을 행사하고 있다는 느낌을 거의 받지 못했기 때문입니다. 예컨대 그들은 그동안 여러 차례 투표를 해봤지만 선거를 통해서 구성된 의회에서 노동자의 정리해고를 정당화하는 법률을 제정하는 등 오히려 노동자나 서민의 처지를 불리하게 만드는 경우가 다반사임을 목격합니다. 이러한 일이 반복되면 노동자들은 주권을 행사하고 있다는 느낌을 점차 상실하고, 이는 지속적인 투표율 저하 현상으로 이어지지요.

그러면 이러한 일이 왜 일어날까요? 대의제가 간접적인 방식으로 의사를 표현하기 위한 대리인을 뽑는 것이라고는 하나, 실제로는 대리인이 아니라 오히려 주인을 뽑는 절차의 성격이 있기 때문입니다. 선거라는 게 현실에서는 철저하게 돈을 통해 이루어지잖아요? 언론만 하더라도 그래요. 선거에서는 언론을 통해 형성된 여론이 막강한 위력을 발휘하는데, 알다시피 언론은 대기업이 직접 언론사를 운영하든가 아니면 광고주라는 힘을 이용하여 조종합니다. 선거운동 조직을 움직이기 위해 필요한 막대한 돈의 경우도 마찬가지이고요. 그러니 선거는 거듭되지만 노동자나 서민의 의사는 별로 반영되지 않고, 그들의 경제적인 상태도 별로 좋아지지 않는 상황이 반복될 수밖에 없죠.

이게 현실인데, 보비오 선생의 이야기는 노동자와 서민에게 "대의제 선거 말고 당신들의 정치적 권리를 행사할 수 있는 통로는 없다."고 못을 박아버리는 역할을 하는 것입니다. 구체적인 현실에서 온몸으로 억압과 모순을 느끼는 이들에게 계속 추상적인 시민으로만 남아 있도록 설득하는 기능도 하죠. 왜 그래야 하죠? 왜 노동자나 서민이 자신의 삶에 직결된 영역에서 벌어지는 중요한 문제에 대해서 직접 결정에 참여해서는 안 되는 것이죠?

박쌤 | 사람들은 일상생활을 영위하는 공간에서 대부분의 시간을 보냅니다. 가정이나 학교, 공장이나 기업 등이 그들에게 삶의 터전이자 모든 일이 벌어지는 공간이죠. 사실 이 공간에서 분리된 정치의 장이라는 것은 한참 먼 곳처럼 느껴지기 십상이죠. 그래서 사무직, 생산직을 포함하여 전체 노동자나 일반 서민의 입장에서는 정치가 다른 나라의 일처럼 느껴지는 거예요. 자신과 별로 상관없는 그 무

엇으로 여겨지는 것이죠. 잉그라오 선생만이 아니라 대의민주주의에 비판적인 사람들은 대의제 선거라는 방식에 민주주의를 국한시켜놓은 결과 노동자와 서민이 무력한 존재로 전락해버렸다는 점을 강조합니다. 그렇기 때문에 자신들의 문제에 대해 자신들이 직접 결정에 참여하는 직접민주주의적인 요소는 민주주의에서 포기할 수 없는 핵심적인 영역이라고 여기고요. 이에 대한 보비오 선생의 생각은 어떠한지요?

보비오 │ 저 역시 일상적인 영역의 문제가 중요하다고 생각해요. 대의민주주의가 그러한 영역을 배제한다고 생각해서는 안 됩니다. 실제로 20세기 중반 이후 서유럽의 경우를 보면 민주주의의 대상이 직접적으로 국가나 정당에 대한 것에서 다양한 사회적 관계의 영역으로 확대되고 있음을 확인할 수 있습니다. 그러한 관계의 예가 바로 박쌤이 언급한 가정, 학교, 직장 등이라고 할 수 있죠. 부모와 자식의 관계, 교사와 학생의 관계, 고용주와 노동자의 관계, 의사와 환자의 관계, 장교와 사병의 관계 등이 여기에 포함될 수 있습니다.

그래서 이제 민주주의가 단순히 국회의원이나 대통령을 뽑는 것으로 끝나는 것이 아니라 가정, 학교, 기업 등 시민의 일상적인 영역에서 발생하는 비민주적인 문제에 대해서도 의회가 해결 대안을 내놓도록 하는 역할을 수행하는 데까지 나아가고 있는 것입니다. 실제로 가부장제 가족 형태 아래에서 여성이나 아이들에게 강제되는 비민주적인 요소를 법 개정을 통해 바꾸는 것, 학생들이 교육 당국이나 교사에 의해 단지 규율의 대상이 되지 않도록 법과 제도를 정비

하는 것, 일터에서 노동기본권이 충실히 보호되게끔 하는 제도를 정착시키는 것 등이 이제 민주주의의 중요한 영역이 되었습니다. 저는 앞으로도 정치가 더욱 구체적인 영역에서 자기 역할을 해야 한다고 생각해요.

그런데 이렇게 민주주의의 영역이 확장되어가는 것을 간접민주주의에서 직접민주주의로 변화하는 과정으로 이해하는 것은 잘못입니다. 대의민주주의가 다루는 영역이 확대되고 있는 것이죠. 즉 대의민주주의가 선거 절차로서의 의미를 넘어서 자신의 활동 영역을 사회적인 분야로까지 확대하는 과정이라고 봐야 합니다. 그렇기 때문에 대의제에서 직접민주제로가 아니라 정치적 민주주의에서 사회적 민주주의로 확대되어 나가는 것이라고 봐야 하고, 저는 이것이 지극히 바람직하다는 입장입니다.

잉그라오 | 보비오 선생은 구체적인 삶의 영역에서 일어나는 문제조차 철저하게 대의제적인 관점에서만 접근하는 것 같습니다. 왜 그러한 일상적인 영역에서의 문제 해결조차도 대의제 기구의 결정에 맡겨야 하죠? 가정, 공장, 학교, 병원, 군대 등은 각각의 조건에서 직접적인 이해관계가 상충하고 그로 인해 갈등이 일어나는 공간입니다. 그 공간, 영역 안에 있는 사람들이 직접 그 문제를 해결하는 주체로서 결정에 참여하는 것이 민주주의의 본래 취지에 맞는 것으로 봐야 합니다.

그런 점에서 직접민주주의와 사회적 민주주의는 전혀 대립적인 것이라고 볼 수 없어요. 당연히 민주주의의 진전은 정치적 영역만이 아니라 사회의 여러 영역에 대한 것을 포함하는 방향으로 향해야 하지요. 그런데 문제는 사회적 민주주의가 무엇을 통해 실현될 수 있는가 하는 것입니다. 앞에서도 말했듯이, 자신의 문제에 대해 자신이 직접 결정하지 못한다면 지금까지 그래왔듯이 대의제 기구를 통해 노동자와 서민의 이해에 상반되는 결정이 거듭될 것이라는 점을 잊지 말아야 해요.

그렇다고 해서 제가 대의민주주의를 필요 없는 것으로 단정 짓는다거나 대의민주주의를 직접민주주의로 대체할 것을 주장하는 것은 아닙니다. 현실의 계급사회에서 직접민주주의가 완전하게 실현되는 것은 불가능하겠죠. 하지만 대중이 직접 결정에 참여하는 직접민주주의적 요소가 대의민주주의를 보완해야 그나마 현실의 민주주의가 어느 정도 자신의 역할을 할 수 있을 것이라고 생각해요.

박쌤 | 잉그라오 선생이 말하는, 직접 결정에 참여한다는 것이 무엇을 의미하는 것인지 좀 더 구체적인 설명이 필요할 것 같습니다. 그냥 결정에 참여한다고 하면 너무 막연하니까요. 참여의 형태도 아주 다양할 수 있고요. 기업이나 공장의 경우만 보더라도 노동조합을 통한 참여도 참여의 일종에 해당하는 것인지, 아니면 프랑스의 공동결정법이나 독일의 경영참여법처럼 서유럽에서 많이 실시되고 있는 경영참여제도를 말하는 것인지, 혹은 그 이상의 권한을 갖는 결정을 말하는 것인지가 명확하지 않습니다.

잉그라오 | 저는 단순히 노동조합을 통한 참여나 경영참여제도를 통

한 참여를 말하는 것은 아닙니다. 노동조합의 경우는 아무래도 임금 이라든가 노동 시간 등 노동 조건과 관련된 사안을 중심으로 하는 경향이 있어서 지나치게 제한적인 역할만을 수행하게 되죠. 또 무엇을 결정하는 것이라기보다는 자본가와 교섭을 하는 문제이고요. 경영참여제도 역시 제한적이기는 마찬가지입니다. 정치적인 문제까지 포함하여 노동자의 삶과 연관된 전반적인 문제에 대해 참여하고 결정할 수 있는 장치가 필요하다고 생각해요. 굳이 이름을 붙여보자면 공장평의회 같은 기구라고나 할까요?

국가 전체의 민주적 절차와 관련해서 볼 때 공장평의회와 같은 통로를 통해서 의회에 자신의 대표를 참여시키는 것도 바람직한 대안으로 설정할 수 있겠죠. 그렇다고 제가 당장 선거를 통해 구성된 대의기구 자체를 부정하는 것은 아닙니다. 그러한 기구에 노동자, 농민 등이 자신의 대표를 직접 보낼 수 있는 통로를 확보하자는 정도지요. 또 공장평의회나 농민평의회 등을 중심으로 직접 정치집회를 벌인다거나 해서 국가에 압력을 행사하는 것도 중요한 참여의 방식이 될 수 있을 테고요.

보비오 | 잉그라오 선생은 고집스럽게도 결정의 주체 문제에 계속 집착하는군요. 제가 자주 사용하는 표현에 따르자면, 선생은 자꾸 '누가'의 문제에 매달리는 것 같습니다. 즉 누가 투표하고 누가 결정하는가의 문제에만 시야가 한정되어 있다는 얘깁니다. 민주주의의 발전 정도를 '누가'에 두면 우리는 매순간 모든 시민이 모든 문제에 대해 직접 결정해야 하는 절차를 거쳐야 하는데, 그게 현대 사회에

> 거대해진 현대 국가에서
> 모든 사람이 일일이 결정에
> 참여할 수는 없습니다.
> 그러니까 누가 결정할 것인지보다
> 어디에 투표할 수 있는지가
> 더 중요한 문제입니다.

서 가능하기나 할까요?

　민주주의를 곧이곧대로 인민의 통치로 이해하고, 현실에 그대로 적용하려고 한다면 선생의 생각처럼 직접민주제만이 거의 유일한 민주주의 형태가 될 것입니다. 하지만 이러한 민주주의는 소국가, 곧 모든 시민이 광장에 집합할 수 있을 정도의 규모에서나 가능합니다. 고대 그리스의 소규모 도시국가에서나 있을 법한 방식이지요. 하지만 이제 그러한 소국가는 어디에도 없습니다. 국가는 거대화되고 있으며 이제 광장은 참가하는 시민이 아니라 동원된 군중조차 수용할 수 없는 것이 현실입니다.

　그런 점에서 자꾸 누가 결정할 것인가의 문제에만 눈을 돌리는 것은 과거 회귀적인, 한편으로는 공상적인 발상이라고 생각해요. 이제 민주주의의 발전 정도는 사회적인 영역으로 얼마나 확대되었는지 여부에 초점을 맞춰야 합니다. 즉 '어디에' 투표할 수 있는가의 문제로 사고를 전환할 필요가 있어요. 그렇기 때문에 앞에서 말한 일상생활의 여러 영역으로 참여 범위를 확대하는 것이 민주주의 발전의 핵심적인 과제가 될 것입니다.

잉그라오 ┃ 보비오 선생은 '어디에' 투표할 것인지를 자꾸 강조하고 있는데요. 저도 투표의 영역이 확대되는 것이 하나의 진전임을 부인하지는 않아요. 하지만 왜 거기에 머물러야 하죠? 또 '어디에'라는 것은 한편으로는 참으로 막연한 구호에 머물 수 있거든요. 가정이나 학교, 공장에서 일어나는 문제에 대해 투표할 수 있다는 사실로 알수 있는 것은 어느 영역에 영향을 미치는가 정도입니다. 그것 이상으로 중요한 것은, 아니 그 '어디에'가 의미를 갖기 위해서라도 중요한 것은 '무엇을' 결정할 것인가의 문제입니다.

학교에서 학생이나 학부모가 수업 구성이나 교칙 등을 직접 제정할 수 있나요? 혹은 기업에서 노동자가 소유나 중요한 투자 문제와 관련한 결정에 참여할 수 있나요? 군대에서 사병들이 어떤 전쟁에 참전할 것인지 여부를 결정하는 데 참여할 수 있나요? 아니잖아요. 선생은 이러한 문제, 즉 무엇을 결정할 수 있는가의 문제에 대해서는 아예 언급을 안 하고 있어요. 선생의 논리를 보면 핵심적으로 중요한 문제들에 대해서는 대의제 선거를 통해 구성된 의회에서 결정하는 것을 전제로 합니다. 그러면 도대체 어떤 것이 남지요? 결국 부분적인 처우 개선에 관련된 부분이나 기껏해야 관련 제도를 조금 고치는 정도로 제한되지 않겠습니까?

어디에 투표하는지에 관심을 집중시키는 것은 무엇을 결정할 수

있는지에 대한 문제는 슬쩍 가려버리고 마치 사회적인 영역에 대해서도 투표할 수 있다는 것만으로 사회의 전반적인 민주화가 가능한 것처럼 우리를 속이는 것입니다. 사람들은 자신의 문제를 해결하는 데 참여하고 있다는 기분만 살짝 내고 실질적으로 핵심적인 문제에 대해서는 거의 아무것도 결정할 수 없는 기만적인 상황에 빠집니다.

박쌤 | '누가'에서 '어디에'로, 즉 정치적 민주주의에서 사회적 민주주의로 바뀌어야 한다는 것은 보비오 선생의 트레이드마크처럼 유명한 명제가 되어 있는데요. 하지만 여러 가지 허점도 있지 않나 싶습니다. 방금 잉그라오 선생이 제기한, 무엇을 결정할 수 있는가의 문제도 그중 하나라고 할 수 있습니다.

저는 좀 더 나아가서 '언제'의 문제에 대해서도 언급하고 싶은데요. 보비오 선생 주장대로 어디에 투표할 것인지가 가장 중요하다고

하더라도, 언제 투표할 수 있는지의 문제는 어떻게 해야 하죠? 대의
민주주의 아래에서는 보통 4년이나 5년에 한 번 투표할 기회가 주
어집니다. 투표하는 영역이 어디든, 이렇게 겨우 몇 년에 한 번 투표
에 참여하는 것을 두고 민주주의의 진전이니, 사회적 민주주의로의
발전이니 하는 것은 지나친 과장이 아닐까요?

사람들은 흔히 선거에 의해 선출된 국회의원이나 대통령이 무능
하거나 부패했을 때, '다음 선거에서 안 뽑으면 된다.' 라는 식으로
대의제를 합리화합니다. 그러면 민주주의라는 게, 그 오랜 기간 수
많은 사람들이 피를 흘려가며 이룩한 민주주의라는 게 고작 몇 년에
한 번 투표를 하는 것에 불과하다면 민주주 자체가 참 우스워지는
게 아닐까요? 민주주의라는 것은 본질적으로 항상적인 권리여야 하
잖아요. 그런 점에서 '언제' 투표할 수 있는지에 대한 민주주의의
대답은 '언제든지'여야 하지 않을까요?

주권자인 우리가 원할 때면 언제라도 자신의 권리를 행사할 수
있어야 하지 않냐는 말이죠. 예를 들어 의원이나 지방자치단체장 등
이 무능하거나 주권자의 이해를 벗어난 행동을 할 경우 즉시 소환하
여 자격을 박탈할 수 있는 일상적인 소환제도, 언제라도 원하는 법
안을 발의하여 의회에서의 논의를 강제할 수 있는 국민발안제도, 자
신들에게 중요한 문제에 대해서는 지역 주민이 언제라도 직접 결정
권을 행사하는 주민투표제와 같은 직접민주제적인 장치가 필요하
다는 주장이 많습니다. 그런 점에서 간접민주제를 직접민주제로 대
체하진 않더라도 적어도 직접민주제적 요소를 강화하는 것은 민주
주의가 발전하는 데 매우 중요한 발걸음이 아닐까요?

그런데 보비오 선생은 직접민주제는 모든 시민이 광장에 집합할 수 있을 만한 규모의 국가에서나 가능하다면서 현대 사회에서는 상상도 할 수 없는, 무지한 발상인 것처럼 비판을 하고 있습니다. 하지만 방금 언급한 몇 가지 직접민주제적인 장치가 무슨 드넓은 광장이 필요한 것은 아닐 텐데요. 그런 점에서 혹시 물리적인 의미의 광장을 언급함으로써 직접민주주의를 희화화하고 왜곡하는 것은 아닌가 하는 의문도 듭니다.

보비오 | 루소가 "영국 인민은 투표함에 표를 넣는 순간에만 자유롭다."고 말한 적이 있습니다. 하지만 루소와 같은 그런 언급에 반론을 제기하자면, 다른 나라의 인민들은 투표하는 순간조차 자유롭지 않다는 것입니다. 모든 것을 다 이룰 수는 없는 노릇 아닙니까? 몇 년에 한 번이지만 그 순간만큼은 어떠한 외적인 압력이나 강제 없이 자유주의의 제반 가치가 다 보장되는 방식으로 투표가 이루어지고, 또 사회의 제반 영역에 영향을 미칠 수 있다면 그 정도가 최선의 민주주의라고 보아야 해요.

이와 관련하여 우리가 이해해야 할 것은 민주주의의 확대가 무조건 좋은 것만은 아니라는 점이에요. 저는 이것을 패러독스라는 개념을 통해 설명하고 싶은데요. 민주주의가 확대되면서 관료주의화가 촉진되는 역설적 상황이 발생하고 있어요. 선거권이 확대되면 점점 더 많은 새로운 대중이 권력을 가진 자들에게 자기의 요구를 제기하는데, 이러한 요구는 거의 언제나 국가에 새로운 과제와 부담을 떠안기기 때문에 국가는 그 활동 영역과 장치를 부득이하게 증대할 수밖에 없습니다. 민주주의가 확대될수록 관료주의도 더 확대되는 경향이 나타나는 것이죠.

그런데 문제는 관료주의화가 권력의 집중화 현상을 극적으로 보여주는 상징이라는 점입니다. 관료주의가 증대될수록 민주주의는 위협을 받을 수밖에 없습니다. 바로 이것이 민주주의 문제의 난점입니다. 이 부분을 정확하게 이해할 필요가 있어요. 특히 직접민주주의라는 것이 대부분 국가에 직접 요구를 하거나 압력을 행사하는 방식으로 나타난다는 점에서 관료주의의 확대는 더 큰 문제가 됩니다. 그러므로 민주주의의 확대, 특히 직접민주주의적 요소의 확대가 무조건 바람직하지만은 않다는 점을 지적하고 싶습니다.

잉그라오 | 루소에 대한 선생의 반론은 도무지 이해하기가 어렵군요. 참 희한한 논리예요. 다른 나라의 인민들은 투표하는 순간조차 자유롭지 않으므로, 그나마 몇 년에 한 번 자유롭게 투표하는 것을 다행으로 알아라 하는 식의 논리잖아요. 아니, 왜 민주주의를 향한 눈높이가 자유가 제대로 보장되지 않는 나라를 기준으로 맞추어져야 하죠? 우리는 현재 인류가 이룩한 민주주의의 수준을 어떻게 하면 한층 더 끌어올릴 수 있을까로 관심을 돌려야 합니다.

그리고 국가와 민주주의의 관계에 대한 지적도 의문스럽기는 마찬가지입니다. 과연 보비오 선생의 걱정처럼 국가의 역할이 확대되는 것이 반드시 민주주의를 위협하는 것으로 귀결될 수밖에 없을까요? 아닙니다. 그럴 수도 있고, 반대로 그렇지 않게 할 수도 있습니다. 만약 직접민주주의라는 것이 무작정 국가에 무엇을 요구하고 바라는 것이라면 보비오 선생의 우려는 현실이 될 수 있지요. 하지만 진정한 의미에서 직접민주제적인 요소는 국가에 무엇인가 보상을 요구하거나, 국가가 모든 것을 다 대신할 수 있다는 식으로 국가를 신비화하는 것과는 거리가 멉니다. 직접민주주의는 대중의 주권을 실질적으로 보장하는 것입니다. 생산 과정은 물론이고 사회의 모든 영역에서 자신의 결정 권한을 확대하고 그 집행 과정에 참여하는 것을 뜻합니다. 그렇기 때문에 오히려 국가의 전횡을 억제하고 균형을 만들어나갈 수 있는 힘을 획득할 수 있지요.

또 더 나아가서 보비오 선생은 기본적으로 자유주의 입장에서 문제를 파악하고 있어서 그런지, 국가가 본질상 개인의 자유를 위협한다고 보는 경향이 있는 것 같습니다. 하지만 국가는 고정적인 존재가 아닙니다. 국가는 외부적인 존재가 아니라 사회 내에서 다양한 계층이 서로 자신의 영향력의 우위를 다투는 장으로서 볼 필요가 있어요. 노동자와 서민이 국가를 통제할 수 있다면 그 국가는 새로운 사회를 만들어나가는 데 유기적이고 창조적인 역할을 할 수 있습니다.

보비오 | 선생은 역사적인 경험을 무시하고 있습니다. 소련을 비롯한 동구권의 역사를 보면, 소비에트 방식, 잉그라오 선생이 주장하는 평의회와 유사한 방식의 민주주의를 추구하던 사회주의 사회에서 더 극심한 관료주의화가 나타났습니다. '누가' 투표에 참여하는지와 상관없이, 국가의 기능이 강화되고 집중되는 순간 관료주의가 확대되는 것은 필연임을 역사는 보여주고 있는 것입니다. 그렇기 때문에 대의제를 대신하는 새로운 민주주의 유형을 찾으려고 하는 헛된

노력을 할 것이 아니라, 대의민주주의를 지금까지 관료 조직이 장악하던 사회의 제반 영역으로 확대하여 사회의 구석구석에 민주주의를 확산시켜야 합니다. 이것이 문제 해결의 열쇠입니다. 이를 통해서만 자유주의와 민주주의가 온전히 보호될 수 있을 것입니다.

박쌤 ┃ 민주주의 논쟁이 진행될수록 국가에 대한 이해의 문제로 귀결되는군요. 어찌 보면 당연하겠죠. 민주주의라는 것이 국가와 분리된 독립적인 절차나 제도가 아닐 테니 말입니다. 또 국가의 성격을 어떻게 보는지에 따라서 상반된 진단과 해법이 제시될 수밖에 없을 테고요. 국가의 성격이나 본질을 어떻게 볼 것인가, 인류의 현재와 미래를 생각할 때 국가의 역할을 어떻게 설정해야 하는가의 문제는 나중에 별도의 논쟁이 필요한 주제입니다. 그에 대해서는 국가론 논쟁을 할 때 더욱 세부적으로 논의해보지요. 대의민주주의와 직접민주주의에 관한 논쟁은 이쯤에서 일단 마무리해야 할 것 같습니다. 이어서 대중의 직접행동과 민주주의의 관계에 대해서는 보비오 선생과 카터 선생의 논의로 이어가겠습니다. 연세가 많으심에도 젊은이 못지않게 열띤 논쟁을 펼쳐주신 잉그라오 선생에게 다시 한 번 감사 인사드립니다.

민주주의 논쟁의 의미와 배경

무엇이 진정한 민주주의인가

프랑스 대혁명 이래 민주주의는 인류에게 가장 중요한 화두 중의 하나였다. 현대 사회에 와서도 민주주의는 학문적인 영역, 실천적인 영역 양쪽에서 뜨거운 논쟁점이었다. 민주주의가 필요하다는 점에 대해서 부인할 사람은 거의 없을 것이다. 문제는 무엇이 진정한 민주주의인가이다. 심지어 민주주의적인 선거 절차가 상당수의 국가

프랑스 혁명 당시
바스티유 감옥을
습격하는 시민들

에서 정착된 20세기 후반에 와서도 민주주의를 둘러싼 논쟁은 여전히 맥을 이어왔다.

이러한 사정은 한국 사회도 마찬가지다. 1980~1990년대를 거치면서 한국에서는 독재에 항거하는 민주화 운동이 꽃을 피웠고 사회 구성원의 상당수가 집단적으로 민주주의를 경험했다. 그리고 이후 상당 기간 동안 한국 사회에서 적어도 절차적인 차원에서는 민주주의가 하나의 제도로 자리를 잡았다고 할 수 있다. 그런데 왜 아직도 민주주의가 논란이 되는가? 한국의 대표적인 정치학자로 꼽히는 최장집 교수는 '민주화 이후의 민주주의'라는 문제를 제기한다. 그가 펴낸 책의 제목이기도 한 이 어구는 그 말 자체로도 의미심장하다.

절차적인 민주주의, 혹은 제도적인 차원의 민주주의가 정착되었다고 해서 민주주의가 충족되었다고 볼 수 없다는 것이다. 어찌 보면 민주주의적인 절차는 민주주의의 끝이 아니라 시작이라고 보는 것이 정확할 것이다. 단지 형식이 마련되었으니 이제 내용을 채울 일이 남았다는 문제의식에 머무는 것이 아니다. 대의제적인 절차 자체도 끊임없이 그 한계가 지적된다. 더 나아가서는 절차를 넘어서는 개인과 집단의 직접적인 행동의 영역을 민주주의라는 측면에서 어떻게 평가할지도 논란이 된다.

현대 사회에서 벌어진 민주주의 논쟁 가운데 뚜렷한 족적을 남기고 있는 것이 '보비오 논쟁'이다. 마르크스주의 국가 이론과 민주주의 이론에 대한 비판에서 시작된 보비오 논쟁은 이탈리아의 정치 상황을 매개로 전개되었지만, 전 세계적인 관심을 불러일으키며 민주주의 일반에 대해 여러 측면에서 논쟁점을 제공해주었기에 보비오의 주장을 둘러싸고 다양한 갈래로 논쟁이 벌어졌다. 민주주의를 통하지 않고서는 어떠한 사회 변화 시도도 환영받을 수 없는 민주주의의 시대에, 민주주의 논쟁은 우리가 살고 있는 현대 사회의 성격을 이해하고 나아가서는 인류의 미래를 구상하는 데 가장 중요한 토대를 제공하는 주제라고 할 수 있다.

민주주의 논쟁의 시작과 전개 과정

현대 사회에 이르러서도 민주주의는 인류에게 여전히 가장 중요한 화두의 하나다. 민주주의에 대한 논쟁은 동구 사회주의의 몰락과 함께 일정 기간 주춤했었다. 하지만 민주주의의 승리를 외치던 자본주의 사회 내부에서 권위주의, 전체주의적인 요소가 증가하면서 민주주의의 문제는 다시 여러 측면에서 검토가 이루어지고 있다. 분명한 것은 어떠한 사회 변화의 이상도 민주주의의 문제와 분리하여 모색하는 것이 불가능할 정도로 민주주의는 이제 모든 정치·사회 이론의 기본 토대 역할을 하고 있다는 점이다.

현대 사회에서의 민주적 절차와 제도를 통한 문제 해결은 고대 그리스와 같은 직접적인 정치 참여 형태로 나타나는 것이 아니라, 대체로 대의제를 통해 이루어지는 경향을 보였다. 이는 정치 공동체 규모가 근대에 이르러 확대된 데 따른 필연적인 결과이면서, 동시에 민주적으로 확립된 대의제가 공동체의 문제를 해결하는 데 좋은 결과를 낳을 것이라는 믿음에 근거하고 있었다.

고대 그리스 아고라 터

　현대 사회에서 전개된 민주주의 논쟁 가운데 중요한 봉우리를 형성하고 있는 것이 보비오 논쟁이다. 이는 흔히 직접민주주의를 중심으로 하는 마르크스주의 민주주의 이론에 대한 보비오의 비판을 둘러싼 논쟁을 가리킨다. 보비오는 직접민주주의를 주장한 마르크스주의자들이 근대국가 성립 이후 거대해진 사회 규모라든가 전문화된 정보 체계 등의 제약적인 요소를 간과했다고 비판한다. 또 민주주의를 위해 필요한 복잡하고 섬세한 정치적 수단과 방식의 문제를 소홀히 하고 단순히 결정의 주체라는 문제만을 강조함으로써 정치 이론으로서의 현실성과 구체성을 상실하고 있다고 비판한다. 그는 거대해진 현대 사회에서 민주주의는 매우 제한적으로 실현될 수밖에 없다는 점에서 대의민주주의만이 가장 현실적인 대안임을 강조했다.

　보비오의 대의제를 중심으로 한 현실주의적인 주장은 다양한 비판을 촉발했다. 대표적으로 잉그라오는 대의민주주의는 참여민주주의 형식으로 보완될 때 비로소 제 기능을 발휘할 것이라고 비판한다. 당시 보비오에 대해 비판적이던 입장들은 대체로 보비오의 문제 제기가 자유주의의 문제 틀 속에서 이루어지고 있고, 정치를 생산의 영역에서 고립된 자율적인 영역으로 파악하고 있기 때문에 부르주아 민주주의의 한계를 벗어날 수 없음을 지적했다. 잉그라오는 생산 단위의 기층민주주의, 지역 자치제의 직접민주주의를 대의제와 결합할 것을 제안하여 보비오의 한계를 극복하고자 했다. 그가 보기에

현대 민주주의와 민권을 상징하는 국회의사당

중요한 문제는 대의제를 옹호하는 것이 아니라, 그것의 한계를 넘어서서 인민주권을 생산과정 깊숙한 곳에까지 확장시키는 것이었다.

보비오 논쟁은 이탈리아나 유럽을 넘어서 전 세계적으로 대의민주주의와 직접민주주의를 둘러싼 논쟁의 주요 쟁점을 형성하는 역할을 했다. 대부분의 논쟁이 기본적으로 대의제가 가진 한계를 지적하는 데서 시작된다. 확립된 제도적 절차를 통해 문제를 해결하려는 대의제의 절차 중심적 시도만으로는 현대 민주주의가 당면한 심각한 갈등과 문제를 제대로 해결할 수 없다는 것이다. 특히 대리자에 대한 불신과 제도 자체에 대한 의심 등에서 기인한 정치적 무관심이라는 심각한 문제 제기가 뒤따른다.

전형적으로 직접민주주의적인 발상에 해당하는 대안과는 별도로 심의민주주의나 대중의 직접행동을 강조하는 대안이 활발하게 제시되기도 하였다. 이 가운데 심의민주주의적인 대안은 롤스와 하버마스의 논의로 대표된다. 1980년대 후반에 이르러 등장하기 시작한 심의민주주의는 절차 중심주의가 해결하지 못한 많은 갈등에 대한 반성으로, 더 깊고 잦은 시민들 상호 간의 '대화'를 요구하는 것으로 요약될 수 있다. 심의민주주의를 자유민주주의에 대한 제도적 보완물로 사용함으로써, 단순히 현존하는 문제를 해결할 뿐만 아니라 더 발전된 형태의 민주주의를 이룩할 수 있다는 것이다.

나아가서는 대중의 직접행동을 통한 보완도 민주주의 논쟁의 한 축을 이루고 있다. 대의제 아래에서 소외될 수밖에 없는 소수 집단이 자신의 권리를 직접행동을 통해 표출함으로써 절차적인 민주주의의 한계를 극복할 수 있다는 주장이다. 특히 최근에는 인터넷, 모

2008년
촛불시위 현장

바일 등을 비롯한 정보화 기기의 확산과 함께 다양한 형식으로 직접 행동의 가능성을 모색하는 경향이 두드러지게 나타나고 있다.

한국의 민주주의 논쟁

한국에서도 최근 민주주의 논쟁이 한창이다. 촛불시위가 논쟁의 도화선 역할을 했다. 촛불시위에 대해서는 대의민주주의의 한계를 보완하는 의미가 있음을 인정하는 의견이 지배적이면서도, 그 성격과 발전 전망에 대해서 다양한 이견이 나타나고 있다. 정치학자 최장집 교수는 한국 민주주의가 취약해진 원인을 허약한 정당 체제에서 찾고, 대의민주주의의 발전을 통한 제도적 실천을 강조한다. 그의 주장은 상당 부분 보비오와 닮아 있다. 그는 민주주의는 "시민들이 스스로 직접 통치하는 것이 아니라 선거를 통해 대표를 선출하여 통치를 위임함으로써 대표로 하여금 통치토록 하는 체제"라고 강조한다. 민주주의는 사회 내에 존재하는 갈등을 공식적인 대표 체계를 통해 해소하는 제도적 실천이라는 것이다. 그러므로 촛불시위와 같은 대중의 직접행동이나 참여는 제한적이어야 하고 대의제를 강화하는 쪽으로 나아가야 한다는 것이다.

이에 대해 대중의 직접 참여에 기초한 거리 정치의 활성화 주장이 대비된다. 대의제 절차로 회귀하는 것이 아니라 거리 정치에 민주적 리더십을 구현함으로써 대의민주주의를 일보 전진시킬 수 있다는 주장이다. 이들은 모든 권력은 국민으로부터 나오듯, 민주적 정당 체계도 국민으로부터 나올 것이라고 전망한다. 정당을 통한 제도적 실천은 거리시위를 대체하는 어떤 것이 아니라, 거리시위의 결과물로 나타날 가능성이 높다는 것이다. 특히 이들은 촛불시위에서 나타난 리더십이 지도와 복종을 전제로 하는 전통적 리더십과는 전혀 다르다는 점에서 대중의 의사를 민주적으로 수렴하고 조절하는 수평적이고 민주적인 리더십의 가능성을 강조한다.

 vs.

직접행동은 민주주의를 발전시키는가?

박쌤 | 앞에서는 대의민주주의와 직접민주주의를 주제로 논쟁을 했습니다. 그런데 현대 민주주의 논쟁에서 빠질 수 없는 것이 대중의 직접행동과 민주주의의 관계 문제라고 할 수 있습니다. 한국 사회에서도 미국과의 쇠고기 협정에 저항하는 촛불시위를 매개로 대중의 직접행동의 의미를 둘러싼 논쟁이 뜨거웠습니다. 이런 직접행동을 민주주의 발전의 주요 요소로 보는 가장 대표적인 분으로 카터 선생을 들 수 있겠지요. 먼저 직접행동이 무엇인지 카터 선생의 설명부터 들어보겠습니다.

카터 | 직접행동은 사람들이 정부 또는 기업과 같은 힘 있는 집단에

압력을 가하는 데 필요한 하나의 수단으로 이해할 수 있어요. 납세 거부, 파업, 불매 운동처럼 협력 또는 지지를 철회하거나 특정 법률 제정을 저지하기 위해 압력을 행사하는 행동을 말합니다. 문제의식을 느끼는 소수의 행동을 통해서 사회적으로 주의를 환기시키는 거지요. 많은 사람들이 직접행동에 돌입할 경우에는 사회에 큰 변화가 일어나기도 합니다.

직접행동을 통해 달성하고자 하는 목표와 구체적인 행동 사이에는 연관성이 있는 경우가 많습니다. 토지에 대한 권리를 주장하면서 땅을 점유하는 행동, 벌목을 막기 위해 나무에 자기 몸을 묶는 행동, 혹은 국경 통제와 이주자 정책에 항의해서 강에 보트를 이어 다리를 놓는 행동 등이 좋은 예라고 할 수 있습니다. 벌목을 막기 위해 나무 위에 올라가 장기간 농성을 한 환경 활동가로 줄리아 힐이 유명하

죠. 나무 지킴이로 유명한 그녀는 나무 위에서 몇 주씩이나 고공 농성을 하기도 했습니다.

박쌤 │ 형식적인 측면을 주로 언급하셨는데, 오늘 논쟁이 민주주의에 대한 것이므로 직접행동이 오늘날의 민주주의 문제와 어떤 연관이 있는지에 대한 설명까지 이어서 해주었으면 합니다.

카터 │ 일단 직접행동이 민주주의와 관련하여 정당화될 수 있는 이유는 대의민주주의 자체의 한계와 관련이 깊어요. 역사적으로 볼 때 자유민주주의는 일부 특권적 사회집단에 유리하게 작용하는 측면이 많았습니다. 아무래도 선거라는 절차 자체가 사회적인 부를 차지하고 있는 집단, 언론에 대한 영향력을 가지고 있는 집단에 유리할 수밖에 없으니까요. 그렇기 때문에 대의제만으로는 진정한 민주주의를 실현하기 어렵습니다. 빈곤층이나 여성, 소수민족, 원주민, 노약자, 장애인, 이주 노동자, 난민 등은 대의민주주의 아래에서 소외된 집단으로 존재해왔습니다. 직접행동은 이들이 자신들이 느끼는 권리의 박탈감, 정치적 접근성의 박탈감에 대한 저항을 통해 자기 권리를 획득하려는 노력의 산물이라고 볼 수 있어요.

　그런 점에서 직접행동은 대의민주주의의 결함을 극복하는 역할, 대의제 틀 밖에서 이루어지는 것이지만 대의민주주의를 보완하는 역할을 합니다. 기존의 대의민주주의를 유지하면서도 다른 한편으로 확장하는 역할을 하는 것이죠. 물론 그렇다고 해서 직접행동이 대의민주주의의 틀 안에서만 의미 있는 것은 아니고요, 새로운 형태의 민주주의를 창조할 수도 있습니다. 특히 직접행동은 직접민주주의의 실험으로 이어지는 경우가 많다고 볼 수 있어요. 집단적 의사결정으로 자연스럽게 이어질 수 있다는 점에서 풀뿌리 민주주의의 토대 역할을 하기도 하고요.

보비오 | 직접행동이 대의민주주의를 보완한다고요? 터무니없는 변명입니다. 직접행동을 민주주의를 보완하는 유력한 수단으로 파악할 때 필연적으로 대의민주주의는 약화됩니다. 카터 선생은 대의민주주의에 대한 막연한 생각을 전제로 하여 직접행동과 대의제를 연결시키는 것 같아요. 대의민주주의의 역할은 단순히 대리인을 통해 의사를 전달하는 데에 국한되는 것이 아닙니다. 대의민주주의의 핵심은 제도적인 방식을 통해 문제를 해결하는 데 있습니다. 제도화된 게임의 법칙을 통해서 안정된 결정을 이루어내고자 하는 것이죠. 한 사회 내에는 불가피하게 서로 다른 이해관계를 가진 수많은 개인과 집단이 존재할 수밖에 없습니다. 다양하고 복잡한 이해관계의 충돌을 안정된 제도적 장치를 통해 해소하지 못할 때 사회는 항상적인 혼란 상태에 빠집니다. 그런데 대중의 직접행동은 제도적인 안정을 흔들어버릴 수 있는 가장 전형적인 행위에 속합니다. 대의제의 근본적인 뿌리를 훼손할 수 있는 것이죠. 그런데 어떻게 직접행동이 대의민주주의를 보완하는 역할을 할 수 있다는 겁니까?

카터 | 흔히 시위, 농성, 파업 등의 직접행동을 취약한 민주주의를 붕괴시킬 수 있는 위험요소로 보거나 사회 불안을 선동하는 불법행

위쯤으로 여기는 경향이 있습니다. 하지만 저는 반대로 직접행동을 수반하지 않는 민주주의는 타락할 수밖에 없다고 단언하고 싶습니다. 앞에서 얘기했듯이, 대의민주주의 아래에서 소수의 목소리는 다수에 의해 묵살될 수 있습니다. 명백한 제도의 한계이지요. 제도 자체가 본질적으로 가지고 있는 한계를 그대로 둔 채 민주주의의 발전을 논하는 것은 기만이 될 수 있어요. 제도는 대중의 직접적인 참여와 실천을 통해 한계를 보완하면서 더 발전하고 안정성을 찾는 것 아닌가요? 오히려 결함이 있는데도 제도의 자기완결성이나 안정성만을 고집할 때 곪은 상처가 터지듯이 더 큰 혼란이 찾아올 수 있는 것 아닌가요?

정치나 권력은 단순히 형식화된 제도가 아니라 살아 움직이는 힘의 관계라고 봐야 해요. 선거라는 제도가 일부 특권적 사회집단에 유리한 면이 많다고 할 때, 직접행동을 통해 빈곤층이나 주변화된 계층에게 대항적 형태의 권력을 부여함으로써 힘의 균형을 추구하는 것은 정당한 것이며 민주주의 발전의 핵심적인 요소라고 할 수 있습니다. 소수가 직접행동을 통해 자신의 견해를 확산시키고 다수의 지지를 이끌어내는 것은 다수결을 통한 의사 결정이라는 대의제의 근본 취지에도 어긋나지 않고요. 단순히 선거에 참여하는 것만이 아니라 자신의 권리를 적극적으로 주장하면서 민주주의를 훈련할 수 있다는 점을 고려할 때, 진정한 민주 시민이 되기 위해서도 직접행동만큼 효과적인 훈련법이 없다고 생각해요.

보비오 | 카터 선생은 대의제 아래에서 소수의 의견이 묵살될 가능성

을 지나치게 걱정하는 것 같습니다. 저 역시 잉그라오 선생과의 논쟁 과정에서 밝혔듯이, 대의제를 단순히 다수결 절차로만 여기면 소수가 배제되는 현상은 필연적으로 나타난다고 생각해요. 하지만 대의민주주의의 내부적인 장치를 통해서도 선생이 걱정하는 소수 의견의 문제는 얼마든지 해결될 수 있습니다. 대의제 자체가 소수 의견을 존중하는 제도적 절차를 필수적인 요소로 갖추어야 합니다. 소수 세력이 언제든지 다수 세력으로 전환될 수 있는 장치를 마련하는 것이죠. 사상의 자유, 언론·출판의 자유 등을 통해서 얼마든지 그럴 수 있어요.

카터 | 대의제 아래에서 소수의 의견을 밝힐 통로가 전혀 없다고는 말할 수 없겠죠. 적어도 형식적인 측면에서 사상의 자유나 언론의 자유가 존재하니까요. 기존 언론을 이용해서 소수의 견해를 피력할 수도 있겠죠. 하지만 선생은 정말 언론이 중립적인 역할을 할 수 있다고 생각하나요? 현실에서 언론은 중립적이기는커녕 일부 특권적 사회집단의 나팔수 역할을 하는 경우가 다반사 아닌가요? 전 국민에게 영향을 미칠 정도의 언론사를 운영하려면 거대한 자본이 필요합니다. 그래서 보통은 언론사 자신이 거대한 기업이거나 혹은 거대기업이 언론사를 직접 만들지요. 사실 거대 기업은 언론사를 직접 경영하지 않더라도 실질적으로 통제할 수 있는 수단이 얼마든지 있습니다. 특히 언론사의 밥줄이라고 할 수 있는 광고 계약을 통해 자신의 구미에 맞는 방식으로 기사의 방향을 유도할 수 있지요. 그래서 소수 의견이 언론에서 무시되는 일이 비일비재하게 발생합니다.

　원자력 문제만 해도 그래요. 대부분의 언론이 친기업적인 요소를 갖고 있기 때문에 기업 활동을 거추장스럽게 제한한다고 생각하는 환경문제에 매우 소극적인 태도를 보입니다. 원자력 발전에 대해서는 더욱 그러하지요. 기업 활동에 필요한 전력을 무제한 공급하는 데 원자력만 한 것이 없다고 여기니까요. 그래서 원전의 위험성이나 핵폐기물에 의한 오염 가능성에 대해서는 거의 보도를 안 하고 반대로 원전의 안정성, 경제성을 강조하는 데 심혈을 기울입니다. 사정이 그러하니 그린피스와 같은 소수의 환경단체들이 직접행동을 통해 다수의 시민들에게 원전의 위험성을 알릴 수밖에요. 직접행동을 통해 그나마 소수자가 자신의 견해를 사회적으로 이슈화하는 것이 가능하니까요.

　대의제 신봉자들은 선출된 대표자들을 통해 소수자의 목소리를 전달할 수 있다고도 주장하지만 별로 현실적이지 않습니다. 선출된 대표자들이 지배엘리트에 포섭되는 경우가 얼마든지 발생할 수 있기 때문입니다. 선출된 정치인들로서는 정치자금 문제라든가 언론과의 긴밀한 관계가 절대적인데, 거대 기업이 이를 무기로 선출된 대표자들을 자신 편으로 만들 가능성이 매우 커요. 이런 상황에서 선출된 대표자들을 통해 소수자의 목소리를 전달한다는 건 참 허무한 일이 되어버립니다. 결국 소수자에게는 직접행동을 통해 자신의 목소리를 직접 확산시키는 방법밖에 없는 경우가 많습니다.

박쌤 │ 실제로 카터 선생의 우려가 현실에서 많이 제기됩니다. 카터 선생의 주장이 직접행동을 통해 혁명을 이루자고 하는 것도 아니고, 직접행동이 소수가 다수의 생각을 일깨우기 위한 수단으로 쓰일 때는 부분적으로나마 대의민주주의를 보완하는 장치로서 의미가 있지 않을까요? 특히 제도나 권력은 일단 형성되고 나면 다분히 집중화되는 경향이 있잖아요? 보비오 선생도 대의민주주의에서 나타나는 관료주의화 경향을 경계하고 있는 것으로 알고 있는데요. 권력이 일부 특권 세력에 집중되는 것을 방지하고 다양한 정치 참여의 통로를 확보한다는 측면에서도 직접행동은 민주주의를 보완하는 장치역할을 할 수 있는 것 아닐까요?

보비오 │ 직접행동은 그렇게 단순한 문제가 아닙니다. 직접행동은 직접민주주의와 마찬가지로 제도적인 의회민주주의에 대치되는 아고라(Agora)의 민주주의, 즉 광장 민주주의의 성격을 가지고 있거든요.

그런데 저는 광장 민주주의가 언뜻 보기에는 민주주의의 전형적인 모습으로 비추어지지만 현실에서는 매우 기만적이라고 생각해요. 무엇이 기만적이냐고요? 카터 선생은 직접행동이 권력의 집중화를 방지한다고 주장했지만 반대로 직접행동이야말로 권력의 집중화를 극단적으로 추구하는 경우가 많습니다. 아고라 민주주의가 더 지독한 다수의 폭력을 만들어내거나 결정을 상층부의 극소수에게 위임해버리는 위험한 사태를 불러일으키기도 합니다. 그러니 기만적일 수밖에요.

　아고라 민주주의의 기만성은 역사적인 사례를 통해서도 얼마든지 확인할 수 있습니다. 예를 들어 68혁명을 비롯해서 서유럽이나 미국에서 1960년대와 1970년대 학생운동이 부활시킨 대규모 직접행동이 정치와 권력의 집중화를 방지했나요? 제가 보기에는 언제나 기만적이었어요. 결정은 대부분 소수의 집행부가 내리고, 직접행동에 참여한 다수의 대중은 박수라는 형식으로 동의를 표해 그 결정을 인정하는 방식이었지요. 직접행동을 이끄는 집단에는 보통 카리스마적인 집행부가 있는데, 이들의 권력은 대의기구보다 훨씬 더 절대적이지요. 이런 집단에서는 직접민주주의에서 말하는 위임권의 소환 따위는 거의 찾아볼 수 없고요. 그런 점에서 직접행동은 민주주의라는 견지에서 볼 때 최악의 의회보다도 더욱 나쁜 집회로 구성되었다고 볼 수 있습니다.

카터 ｜ 보비오 선생은 직접행동이 이루어지는 특정 순간에, 그것도 지극히 부분적인 경우에 해당하는 사례를 갖고 침소봉대하는 게 아닌가 싶습니다. 직접적인 행동이 이루어지는 순간에, 그것도 공권력과 일정한 마찰이 일어나고 있는 순간에는 집행부의 신속한 결정이 불가피한 경우가 얼마든지 있습니다. 의회가 입법을 담당하고 그 틀 안에서 정부의 집행기관이 자체적인 결정을 내려 신속한 일처리를 하는 것과 마찬가지이죠.

선생은 직접민주주의나 직접행동을 강조하는 사람들의 주장을 왜곡하고 있기도 해요. 언제 직접행동으로 의회의 기능을 대신해야 한다고 주장했나요? 당연히 제도화된 의결기구는 존립해야 합니다. 직접민주주의를 주장하는 사람들은 그러한 제도화된 의결기구가 직접민주주의적인 요소에 의해 보완되거나 강화되어야 한다고 주장하는 것이고, 직접행동 역시 제도의 한계를 보완하자는 것이지요.

무엇보다도 적극적인 시민들의 참여는 민주주의의 가장 중요한 토대 아닌가요? 결정의 절차와 관련한 것이든, 아니면 직접적인 행동을 통한 것이든 진정으로 민주주의가 발전하려면 적극적인 시민의 참여가 필수적입니다. 보비오 선생이 왜 한사코 이를 비판하려는 것인지 사실 잘 이해가 가지 않습니다.

보비오ㅣ 민주주의에 대한 이해가 다르기 때문이지요. 카터 선생은 시민들의 참여와 민주주의 자체를 혼동하고 있거든요. 민주주의는 일련의 절차적 규칙이라는 점을 잊지 말아야 합니다. 그러한 의미에서 민주주의는 일종의 게임의 규칙이라고 할 수 있습니다. 그런데 사회처럼 거대한 조직 내에서 민주주의라는 게임의 규칙을 존중하게 하는 것만큼 어려운 일이 없어요. 게임의 규칙이 그리 튼튼한 편이 아

니거든요. 각 사회 구성원이 존중하고 이를 지키기 위한 직접적인 노력을 경주하지 않는다면 금방 균열이 갈 수 있는 섬세한 절차입니다. 그런데 직접행동은 섬세한 게임의 규칙에 큰 균열을 일으킬 수밖에 없습니다. 민주주의의 역사는 우리가 지금 누리는 일련의 절차적인 규칙을 획득하기 위한 투쟁의 역사였습니다. 이를 획득하기 위해 얼마나 많은 피를 흘렸습니까? 이를 무력화시키는 일체의 행동은 당연히 민주주의를 퇴행시키는 위험한 짓입니다.

카터 | 대의제 절차가 게임의 규칙이라고요? 선생은 마치 대의민주주의의 규칙이 축구나 야구와 같은 팀 스포츠의 규칙과 동일한 기능을 하는 것처럼 주장하는군요. 과연 대의제 규칙이 스포츠의 규칙처럼 중립적일 수 있을까요? 미국의 주지사나 상원의원, 일본의 중의원 중에 적지 않은 사람들이 선거를 통해 할아버지, 아버지에 이어서 그 직책을 맡고 있습니다. 선거라는 절차를 거쳤지만 결과적으로는 대대로 의원이나 주지사로 선출되고 있는 것이지요. 왜 그럴까요? 선거라는 것이 결코 중립적인 절차가 아님을 보여주는 게 아닐까요? 선거는 이미 부를 갖추고 정치적 인맥을 구축한 세력에게 유리할 수밖에 없는 절차지요. 짜고 치는 고스톱은 아니라 하더라도 적어도 기득권을 가지고 있는 정당이나 정치 세력, 개인에게 유리한 조건을 만들어주고 있음은 부인할 수 없습니다.

박쌤 | 지금까지 직접행동에 대해 보비오 선생은 상대적으로 주로 우파 쪽에서 제기될 수 있는 반론을 해주었는데요. 좌파 쪽에서도

카터 선생 식의 직접행동에 대해 많은 비판이 제기되는 것으로 알고 있습니다. 카터 선생이 직접행동을 지나치게 대의민주주의와 연관시킨다는 비판이 대표적입니다. 확실히 선생은 대의제 자체를 부정하기보다는 직접행동이 대의민주주의를 보완하고 발전시키는 방안이라고 보는 것 같아요. 그러니까 대의제와 직접행동이 서로 보완하며 민주주의를 활성화하는 모델, 즉 직접행동과 의회 제도의 공존을 모색하는 것으로 보입니다.

직접행동을 더 급진적인 운동의 일환으로 여기는 측에서는 원래 직접행동이 자유민주주의 체제와 모순적인 관계에 있다고 주장합니다. 왜냐하면 직접행동은 단순히 대의민주주의에 의문을 던질 뿐 아니라 국가기구를 비판하고 대안 공동체를 구성하려고 시도하기 때문이라는 것입니다. 그러므로 그들은 대의민주주의의 틀을 넘어서는, 더욱 적극적인 전망을 실현하는 수단으로서 직접행동을 주장합니다. 강자를 위한 법이 제정되고, 강자를 위해 법이 해석되는 현실에서 직접행동은 대의제도를 보완하기보다는 대의제도 자체에 맞서는 역할을 해야 한다는 주장이지요.

카터 ┃ 제가 직접행동을 대의제를 보완하기 위한 중요한 요소로 보는 것은 맞습니다. 물론 직접행동이 일정하게는 직접민주주의와 연관된 요소도 지니고 있습니다. 하지만 저는 대의민주주의의 한계를 보완하는 역할에 주목하고 있지요. 따지고 보면 직접민주주의를 강조하는 대부분의 사람들도 대의제를 대체하는 제도로 보기보다는 이를 보완하는 장치로 보는 데 초점을 맞추고 있잖아요. 저는 직접행동도 그와 비슷한 맥락에서 이해할 필요가 있다고 생각해요.

물론 대의민주주의에 대해 급진적인 입장의 비판자들은 아예 대의제 자체에 대해서 부정적이기 때문에 제 주장이 약하다고 느끼겠지요. 하지만 대의제를 부정하고 직접민주주의로 대체하는 것이 얼마나 현실성이 있을까요? 기존의 사회주의 국가들도 직접민주주의를 말했지만 결국은 민중이 자신을 대신할 정치적 대표자들을 뽑은 것 아닌가요? 어떤 방식으로 하더라도 결국은 선거를 통해 대리인을 선출하는 것 자체를 부정할 수는 없을 것입니다.

보비오 | 대의민주주의 자체를 부정하는 주장이라…. 도대체 막연하기 짝이 없군요. 저도 이 문제와 관련해서는 카터 선생과 비슷한 생각인데요. 대의제 자체를 넘어서는 정치적 실험이라는 것이 어떻게 가능하다는 것인지, 어떤 대안이 가능하다고 여기는 것인지…. 상당히 막연하게 느껴지는군요.

박쌤 | 급진적인 민주주의 대안을 주장하는 사람으로는 바버가 대표적일 것입니다. 그는 근대의 대의정치를 직접정치로 대체하는 근본적인 전환이 필요하다고 강조합니다. 대의적 절차보다는 집단적인 힘을 생성하는 코뮌 형태의 대안이 필요하다고 주장해요. 수천 명 정도의 지역 단위 회합을 구성하고 이를 전국적인 체제로 묶어세우자는 것이지요. 이 단위가 토의 기능만이 아니라 최종적으로는 지역의 입법 기능까지 직접 행사하는 것으로 발전해야 한다고 보지요. 또 대중이 직접 의회에 의안을 상정할 수 있는 대중 발안과 국민투

표의 활성화를 제안합니다. 지방의 공직 선거는 선출보다는 추첨 제도를 적극적으로 활용하자는 것이고요. 이러한 전략이 전제되어야 직접행동이 사회를 근본적으로 변화시키는 역할을 할 수 있다고 봅니다.

보비오 | 바버의 주장은 다분히 러시아나 중국의 사회주의 혁명 과정에서 나타난 집회를 연상시킵니다. 혁명적 열기가 고스란히 담겨 있는 민중 집회 말입니다. 실제로 그 당시에는 노동자나 농민 집회에서 직접 중요한 의사 결정이 이루어지기도 했죠. 하지만 역사적으로 그러한 역할을 했던 코뮌이 있었다고 해서 이를 민주주의의 대안으로 제시하는 것은 역사의 전개 과정을 자기가 보고 싶은 것만 단편적으로 바라보는 오류에서 기인한다고 할 수 있어요.

러시아나 중국에서 사회주의 혁명이 성공한 후에는 어떻게 되었나요? 계속 민중 집회를 통해 결정이, 그것도 입법과 관련한 결정이 이루어졌나요? 아니죠. 곧 선거라는 절차를 통해 대표자를 선출하는 방식으로 바뀌었습니다. 물론 자본주의 사회의 선거와는 좀 다른 점이 있었죠. 지역의 대표성을 지닌 대표자와 함께 공장에서 공장 대표를 뽑고, 농촌에서 농민 대표, 군대에서 병사 대표를 선출하는 절차가 있었지요. 이것을 과연 진정한 의미의 직접민주주의라고 말할 수 있을까요? 엄밀하게 보면 이것 역시 대의제라고 봐야 해요. 결국은 선거 절차를 통해 자신의 정치적 대표자, 즉 대리인을 선출한 것이니까요. 각 계급이나 계층에서 대표를 선출하는 방식은 자유민주주의 선거 아래에서도 비례대표제를 통해 얼마든지 실현할 수 있는 것이지요. 그렇기 때문에 저는 사회주의 사회에서 계급이나 계층의 대표자를 선출하는 방식이나 자유민주주의 아래에서 비례대표를 선출하는 방식이나 모두 대의제 선거라는 점에서는 마찬가지라고 생각해요.

바버가 주장하는 집회 방식은 혁명 과정에서 일시적으로 나타나는 과도기적 형식에 불과합니다. 이를 일상적으로 민주주의를 관장하는 형식이라고 생각하는 것은 논리적 비약이고 역사적인 무지의 소치라고 할 수 있습니다.

박쌤 | 바버의 주장 말고도 대의민주주의의 한계를 보완하기 위해 제시되는 다양한 대안이 있습니다. 비교적 최근에 주목을 받으면서 논란이 되는 것으로는 하버마스의 심의민주주의가 대표적이지요. 카터 선생도 그랬지만 대체로 새로운 민주주의 대안을 모색하는 흐름들은 대의민주주의의 한계를 지적하는 데서 출발합니다. 무엇보다도 대의민주주의가 시민들의 정치적 무력감과 무관심을 양산할 수밖에 없다는 점을 공통적으로 지적하지요. 이는 대의민주주의가 제도적으로 시민의 의견을 제대로 반영하지 못하기 때문이라는 것이고요. 또 소수 의견이 제대로 반영되기 어렵다는 점에서 다수에 의한 독재 혹은 다수의 횡포 가능성도 주요한 한계로 제기합니다. 하버마스도 비슷한 문제의식에서 출발하고 있지요.

1980년대 후반에 이르러 등장하기 시작한 심의민주주의 논의는 절차중심주의가 해결하지 못한 많은 갈등에 대한 반성으로, 더 깊고 빈번한 시민들 상호 간의 대화를 요구하는 것으로 요약할 수 있습니다. 하버마스는 투표 중심의 민주주의에서 대화 중심의 민주주의, 그러한 의미에서 심의민주주의를 주장해요. 그는 대화, 즉 심의 과정에서 소수자의 참여가 능동적으로 보장될 수 있다고 봅니다. 다수결로 어떤 실질적인 영향력도 행사하지 못하고, 그 제도의 정당성을 받아들일 어떤 이유도 없다고 주장하는 사회적 소수자 집단들이 공적 논쟁에 참여함으로써 자신들의 정의를 증진시킬 수 있다는 것입니다.

특히 그는 기존의 민주주의 이론이 지나치게 국가 중심의 사회관에서 벗어나지 못하고 있다고 비판해요. 그리고 국가 중심의 정치 인식을 탈피하고 시민 사회 내부에서 정치적 의지를 형성하고 그 제도적 장치를 구성하기 위해서는 심의민주주의를 강화하는 것이 필요하다고 주장합니다. 물론 대의제를 부정하는 것이 아니라 대의제에 심의민주주의 이론을 도입함으로써 심의민주주의가 대의민주주의의 제도적 보완물 역할을 할 수 있다고 주장합니다. 이를 통해 더 발전된 민주주의를 구현할 수 있다는 것이지요.

심의민주주의 입장에서는 대의제 틀 안에 머물러 사고하는 보비오 선생에 대해 상당히 비판적일 수밖에 없을 것입니다. 다른 한편으로는 직접행동에 대해서도 의문의 눈초리를 보내죠. 기본적으로 심의민주주의 모델은 직접행동을 강조하는 사람들의 문제의식, 즉 인민의 의지에 근거해서 결정이 이루어지도록 직접 압력을 가한다는 발상과는 일정한 거리가 있기 때문이죠.

카터 | 심의민주주의의 입장에서 직접행동을 곱지 않은 시선으로 보

는 것은 어찌 보면 당연하겠지요. 심의민주주의 이론이 정치적 결정을 내리는 데 심사숙고하는 논증을 중시한다는 점에서는 일정한 긍정성을 가지고 있다고 생각해요. 하지만 심의민주주의 이론은 여러 측면에서 한계가 있습니다.

무엇보다 먼저 심의가 정치에서 어느 정도나 역할을 할 수 있을까 하는 의문이 있습니다. 현실 정치는 힘과 힘의 관계에 의해 좌우되는 측면이 강합니다. 사회적으로 발생하는 갈등의 배후에는 대부분 단지 논리적인 정당성을 넘어서는 이해관계의 충돌이 자리 잡고 있습니다. 그러한 점에서 정치는 지극히 현실적인 차원의 문제라고 할 수 있지요. 여기에서 심의가 어느 정도나 실질적인 영향력을 발휘할 수 있을까요?

또 심의의 주체도 문제입니다. 하버마스는 공론의 장을 만들어서 다수의 참여가 이루어지게 해야 한다고 주장하지만, 정교한 심의 과정은 그의 의도와는 무관하게 필연적으로 한정된 심의 주체를 형성하게 됩니다. 각 분야의 지식인이나 전문가들이 중요한 역할을 담당할 가능성이 큰 거죠. 이 과정에서 대중은 수동적인 방청객으로 전락할 가능성이 매우 커지고요. 심의민주주의에는 대중민주주의를 발전시키기보다는 위축시킬 수 있는 위험성이 도사리고 있는 것입니다.

보비오 | 카터 선생과 전혀 다른 문제의식에서 출발하는 것이기는 하지만 저 역시 심의민주주의는 많은 문제점을 안고 있다고 생각해요. 쉽게 생각하면 충분히 토론을 하고 이를 반영하는 것이 뭐가 문제냐

고 말할지 모르겠지만, 문제는 심의를 민주주의의 중요한 절차로 이해하고 있다는 점이거든요. 그런 점에서 심의민주주의가 전제하는 담론 양식은 지나치게 이상주의적이라고 할 수 있어요. 그냥 이상으로만 끝나면 문제가 덜하겠지만, 이를 현실에서 하나의 절차로 관철하고자 한다는 점에서 그 뿌리에는 인민주의적 경향이 있습니다. 기존의 제도를 무력화시킬 수 있다는 점에서 반제도적 경향도 있고요. 선출된 대표자들에 의해 이루어지는 의사 결정이라는 법적인 절차에 임의적인 심의 과정을 필수적인 요소로 섞어놓음으로써 법치주의를 불안정하게 만들 위험성이 충분히 있어요.

박쌤 │ 하지만 의회에서 이루어지는 결정이 상당 부분 기술적인 결정에 머무는 경우가 많은 것은 사실이지 않습니까? 심한 경우에는 단 며칠 동안에 법안이 수십 개씩 통과되기도 하고요. 충분한 의사소통을 통한 합의보다는 단지 수의 우위에 기초한 결정이 대신하는 경우가 많죠. 의회에서 내리는 결정조차 오직 효율성만이 지배하는 상황이 자주 벌어집니다. 그렇게 날림으로 통과된 법이 사회 구성원의 일상적인 삶을 지배하는 현실을 방치하는 것은 곤란하지 않을까요?

보비오 │ 대의제의 내부 절차를 통해서도 의견 수렴은 가능하지요. 중요한 문제에 대해서는 다양한 영역의 전문가들이 참여하는 공청회를 열기도 합니다. 이런 식의 토론을 누가 반대하겠습니까? 문제는 자꾸 법적 절차 외적인 압력을 개입시키려고 하니까 생기는 것이지요. 많은 한계가 있지만 의사 결정은 대의제적인 절차에 맡겨야 해요.

카터 | 선생은 의회나 대의제 절차를 온실 속의 화초처럼 순수하게 보호해야 할 대상쯤으로 여기는 것 같습니다. 대의제는 외적 자극에 의해 끊임없이 자신을 쇄신해야만 건강성을 유지할 수 있어요. 특히 대중의 직접적인 요구는 대의제가 형식적인 완결성이나 순수성에 매몰되어서 대중과 유리되는 것을 방지하는 효과적인 장치이고요.

박쌤 | 두 분과 함께 논쟁을 진행하다 보니 어느새 시간이 상당히 흘렀습니다. 민주주의 논쟁은 수많은 사람들에 의해 지금 이 순간에도 진화하고 있는 주제라고 할 수 있습니다. 또한 현실의 실천이 부단히 새로운 영감을 불어넣고 있고요. 오늘 논쟁이 민주주의에 대한 다양한 맥락을 이해하고 대안을 모색하는 데 유용한 내용을 제공하는 자리가 아니었을까 생각해봅니다. 이 자리를 빛내주신 두 분 선생께 감사의 인사를 드리면서 오늘 논쟁은 여기에서 마무리하겠습니다.

보비오와 잉그라오, 카터

보비오(Norberto Bobbio, 1909~2004)

이탈리아가 배출한 유럽 최고의 정치사상가·이론가 중의 한 사람이다. 교조적 마르크스주의에 반대하여 자유와 민주주의의 중요성을 역설한 정치학자로 유명하다.

튜린대학에서 법철학을 전공한 그는 변호사이자 대학 교수로서뿐

만 아니라 이탈리아 사회당(PSI) 소속의 종신상원의원으로서 활발한 이론적·실천적 활동을 전개했다. 먼저 그는 유로코뮤니즘을 이루고 있는 수많은 좌파적인 이론적·실천적 조류와 논쟁을 벌이면서 자신의 정치 이론을 형성했다. 이렇게 해서 형성된 그의 실천적 당 이론은 이탈리아 사회당으로 하여금 독특한 방법으로 현실적인 사회주의 노선을 추구하도록

보비오

주도했다.

또 그는 이탈리아 정치의 고질적인 병폐인 이권정치, 즉 혼탁한 부패 사슬에 동참하기를 거부하는 지행합일(知行合一)의 의연한 본보기이기도 하다. 어찌 보면 한국의 정치 현실도 보비오가 실천 속에서 자신의 이론을 전개해온 이탈리아와 유사한 점이 많다. 이러한 점에서도 그의 지적 성과물들은 우리의 관심을 끌기에 충분하다. 지난한 민주화 과정을 거쳐 이제 그 공고화 단계에 들어선 한국의 정치 현실 역시 이탈리아와 비슷하게 지역주의와 고위공직자들의 부정부패 문제에 얽매여 진퇴양난을 거듭하고 있기 때문이다.

그의 저작들은 단순한 정치 이론이 아니라 실천 현장에서 나온 논쟁의 산물이기 때문에 더욱 가치가 있다. 그의 대표적인 저서 《민주주의의 미래》, 《자유주의와 민주주의》, 《민주주의와 독재》, 《어떤 사회주의인가?》 등은 모두 한결같이 민주주의와 자유주의가 이상적인 사회를 추구하는 데 가장 중요한 전제 조건임을 강조하고 있다. 즉, 그의 저술들은 진보적인 사회 체제를 추구하는 사람들이 민주주의를 어떻게 이해해야 하는지, 그리고 민주주의에 의해 보장되는 '자유'라는 것이 얼마나 중요한 가치를 지니는지를 날카롭게 분석하여 보여준다. 또한 그의 이론적 통찰은 이탈리아라는 특정 사회의 정치 노선 문제를 넘어, 21세기를 살고 있는 인류가 현대적 정치 제도로서의 민주주의를 어떻게 이해하고 발전시켜야 하는지에 대해서도 상당한 시사점을 던지고 있다.

주요 저서로는 《정치와 문화》, 《민주주의의 미래》, 《어떤 사회주의인가?》, 《자유주의와 민주주의》, 《제3의 길은 가능한가: 좌파냐

우파냐》 등이 있다.

《자유주의와 민주주의》

자유와 평등, 자유주의와 민주주의가 어떻게 결합할 수 있는지를 모색한 책이다. 보비오는 자유주의와 양립할 수 있을 뿐 아니라 자유주의적 관점의 자유 개념이 실질적으로 요청하는 평등의 형태는 딱 한 가지밖에 없다고 한다. 그것은 자유를 위한 권리의 평등이다. 그리고 자유의 평등이란 모든 사람은 다른 사람의 자유와 상충하지 않는 범위 내에서 그 자신의 자유를 충분히 즐겨야 한다는 것, 나아가 다른 사람의 자유를 침해하지 않는 한 무엇이든지 행할 수 있다는 것을 의미한다고 주장한다. 이러한 형태의 평등은 자유주의 국가 발달 초기에 입헌적 규정으로 명시한 두 가지 근본적 원리, 즉 하나는 법 앞의 평등이고, 다른 하나는 권리의 평등이라고 한다.

그는 자유주의와 민주주의는 평등의 관념에 대한 여러 가지 형태의 정치적 실천에 관심을 표명하기 때문에 서로 다른 길을 걸을 수밖에 없었다고 본다. 그런 까닭에 자유주의와 민주주의는 역사적으로 오랫동안 대립 관계에 있었다는 것이다. 그리고 민주주의의 특징을 인민주권이라고 파악한다면, 자유주의와 민주주의는 양립할 수 있을 뿐만 아니라 민주주의를 자유주의의 발달 성과로까지 수용할 수 있는 여지가 생긴다고 본다. 이와 관련하여 그는 두 가지 과제를 이끌어내는데, 하나는 민주주의적 절차는 자유주의 국가의 기초가 되는 개인들의 기본권을 보장하기 위해 필수적이라는 점이다. 다른 하나는 민주주의적인 절차가 작동하기 위해서는 그 같은 기본권을 보장해야 한다는 것이다.

보비오는 민주주의의 최소한의 규정으로, 완전하고 평등한 자유 투표권과 다수결 원칙을 강조하는 게임의 법칙을 제시한다. 그는 민주주의 정부를 다른 어떤 체제보다도 선호하는 세 가지 이유로 도덕적 방어, 정치적 정당화, 공리주의적 입장을 든다. 또 이와 관련하여 민주주의의 역설을 제시하는데, 그것은 국가 규모의 비대화, 위계적인 관료 구조의 확대, 결정 과정에서 고도의 전문 기술을 필요로 하는 이슈나 영역의 증대, 대중 사회화에 따른 사회적 순응과 정치적 무관심 등 네 가지다. 국가가 국민의 민주주의적 통제에 따라 지배 기구로서 역할을 하는 것이 아니라, '행정' 기구로서 일방적으로 사회와 개인의 삶에 깊숙히 개입하는 경향이 강화되고 있다는 것이다.

보비오는 민주주의와 관련하여, 직접민주주의의 이상만을 고집하지 않는다. 이것은 그가 현대 사회에서 참여민주주의가 상당히 제한적인 수준에서만 가능하다고 파악했기 때문이다. 그리고 그러한 제약 때문에 오직 대의민주주의만이 가장 현실적인 대안임을 강조한다.

잉그라오(Pietro Ingrao, 1915~)

이탈리아 공산당의 정치인이자 이론가. 1942년 이탈리아 공산당에 입당하여 2차 세계대전 중 반파시스트 투쟁을 벌였다. 1973년 이후

잉그라오

이탈리아 공산당이 소련식 사회주의와는 다른 민주적 사회주의의 길을 추구하는 데 중요한 역할을 수행했다. 1948년부터 1994년까지 이탈리아 의회 의원으로 재임했고 1976년부터 1979년까지 하원 의장을 역임했다.

보비오와 민주주의 논쟁을 벌이는 과정에서 생산 단위의 기층 민주주의, 지역 자치제의 직접민주주의를 대의제와 결합할 것을 제안하며 보비오의 한계를 극복하고자 했다.

《대중민주주의》

보비오와 논쟁을 벌이는 과정에서 직접 보비오의 마르크스주의 국가 이론, 민주주의 이론 비판에 대해 반박하기 위해 작성된 글이다. 그렇기 때문에 보비오의 주장에 대해 조목조목 반론을 제기하는 형식으로 정리되어 있다. 원래의 논문 제목은 〈부르주아 민주주의인가, 스탈린주의인가? 아니다, 대중민주주의다〉이다.

이 글에서 잉그라오는 보비오가 대의민주주의를 강조하는 과정에서 노동자를 하나의 계급이 아니라 추상적인 시민의 지위로 격하시켰다고 비판한다. 이를 통해 노동자가 직접 정치에 참여할 가능성을 배제한다는 것이다. 그리고 마르크스 정치 이론의 핵심인 계급정치에 대한 구상을 유지해야 한다고, 이를 위해 생산과정에서 발생하는 근본적인 변화에 주목할 필요가 있다고 강조한다.

특히 그는 대중의 직접적인 정치 참여가 국가의 관료주의화를 증대시켜 민주주의를 퇴행시킬 수 있다는 보비오의 주장을 정면으로 반박한다. 오히려 관료주의화를 방지하기 위해서라도 대중의 적극적인 정치 참여가 필수적이라는 것이다. 그래서 인민주권을 생산과정 깊숙한 곳까지 확장시키고, 이와 동시에 장기간에 걸친 체제 변화 과정에서 대중의 의사를 국가기구에 직접 반영할 수 있는 직접민주주의 장치를 마련한다면 쉽게 극복할 수 있을 것이라고 본다.

카터(April Carter)

민주주의와 현대 정치 이론에 관한 세계적인 권위자다. 영국 옥스퍼드대학과 랭카스터대학, 오스트레일리아의 퀸즐랜드대학과 디킨대학에서 정치학 교수를 역임했다. 1950년대 후반부터 1960년대 초까지 영국 비핵화 운동에 적극 참여했고, 핵미사일기지에 반대하여 시민불복종 운동에 관여하기도 했다. 또 1980년대 후반 스톡홀름국제평화문제연구소 연구원을 역임했다.

주요 저서로 《전 지구적 시민권 정치 이론》, 《여성 권리의 정치학》, 《권위와 민주주의》, 《직접행동과 자유민주주의》, 《아나키즘 정치 이론》 등이 있다.

카터는 민주주의를 민주화하려면 반드시 필요한 것이 '직접행동 민주주의'라고 말한다. 정상적인 절차에 의한 민주주의, 즉 대의민주주의를 통해 완벽한 민주주의를 이룩하기란 어렵다고 보기 때문이다. 즉 각 개인의 소득과 능력, 권력 차이가 점점 벌어지는 신자유주의 사회에서 대의민주주의만으로는 민주주의의 이상을 완벽히 구현할 수 없다고 보는 것이다.

이 책은 신자유주의 지구화 시대에 '위기에 처한 민주주의의 퇴행을 막을 최후의 대안'으로 '직접행동 민주주의'를 제시한다. 카터는 전 세계적으로 수많은 사람들이 힘 있는 거인 집단에 압력을 가하기 위해 직접행동에 나서는 현실을 직시하고 직접행동의 실효성을 설명한다.

그는 직접행동이 인류 역사에서 언제 어디서나 존재해온 엄연한 정치 행위라는 사실을 영국의 마그나 카르타와 여성 참정권 운동, 간디의 무저항 비폭력 독립 운동, 현재 멕시코의 사파티스타 반군에 이르기까지 구체적인 사례를 들어 보여준다. 이 과정에서 직접행동이야말로 역사적으로 민주주의의 결손을 보완하고, 민주주의를 재창조하며, 제도와 절차에만 매달려 화석화된 무력한 민주주의에 생기를 불어넣어온 원동력임을 주장한다.

에이프릴 카터의 《직접행동》

또 토크빌에서 한나 아렌트와 미셸 푸코, 위르겐 하버마스, 알렉스 캘리니코스에 이르기까지 다양한 논점을 제시한 수많은 민주주의 이론가들의 논의를 꼼꼼히 살펴 '직접행동 민주주의'의 성립 가능성을 검토한다.

자유주의와 민주주의

민주주의에 대한 기본 정의 | 모든

형태의 독재체제와 구별되는 정치 형태로서의 민주주의에 관한 의미 있는 논의는 오로지 민주주의를 다음과 같이 파악하는 것을 통해서만 가능하다. 즉 민주주의를 누가(who) 종합적인 정책결정권을 행사하는가의 문제와 그것은 어떤 절차에 의거해서 이루어지는가의 문제를 규정하고 있는 일련의 규칙들로서의 특성을 갖는 것으로 이해하는 일이다. 어떠한 사회집단이든 대내외적인 존립을 보장받기 위하여 모든 구성원을 구속시킬 수 있는 결정을 내릴 필요가 있다. 모든 결정은 설사 그것이 집단적 결정의 형태를 띠고 있다 하더라도 사실상 개인들에 의해 내려지게 마련이다. 즉 집단 그 자체는 어떠한 것도 결정하지 못하는 것이다. 따라서 개인들에 의해 그것이 한 사람이든, 몇몇 사람이든, 많은 사람들이든 아니면 모든 사람들이든 간에 일단 내려진 결정이 집단적 결정으로 받아들여지기 위해서는 그 결정이 누가 결정권자이며 어떤 절차를 거쳐야 하는지를 명시한 규칙에 근거를 둔 것이어야 한다. 전체적 결정권을 내리는 주체를 기준으로 하자면 민주주의란 대다수 성원들에게 이러한 결정권이 부여되어 있는 정치 형태를 말한다. 사실 여기서의 '대다수' 란 개념은 모호한 개념이긴 하다. 정치적 결정들은 '거의' '대부분' 의 영역에서 이루어지는 것이라는 사실은 접어두더라도 선뜻 '모두' 란 말을 쓰는 것은 잘못된 것이다. 왜냐하면 아무리 완전한 민주 체제를 가진 나라라 하더라도 일정한 연령에 도달해야만 투표할 수 있도록 규정하고 있기 때문이다.

만인의 지배는 최상의 이상일 뿐이다. 민주주의라고 불려질 만하기 위해서 얼마만큼의 사람들이 투표권을 가져야만 하는가 하는 문제는 어떤 추상적인 원칙에 의해 미리 결정될 수 없다. 역사적인 상황들과 어떤 판단을 하기 위한 기준의 필요성 따위를 고려하지 않을 수 없다. 기껏 말할 수 있는 것은 성인 남자들만 투표권을 가지고 있는 사회는 유산자들만 투표권을 가지고 있는 사회보다 더 민주적이지만, 여성들에게까지 투표권이 주어진 사회보다는 덜 민주적이라는 정도이다. 지난 19세기에 몇몇 국가에서 지속적인 민주화의 진전이 있었다는 진술은 투표권을 누릴 수 있는 사람들 수가 꾸준히 증가했음을 의미한다.

결정이 이루어지는 양식을 기준으로 말하자면 민주주의란 그 기본 규칙을 다수의 지배에 둔 양식이라고 할 수 있다. 다시 말한다면, 결정권을 가지는 사람들 대다수에 의해 승인될 때 그 결정은 전체의 결정으로 간주될 수 있고, 그럼으로써 모든 성원을 구속할 수 있는 결정이 될 수 있음을 의미한다. 만일 다수의 결정이 유효한 것이라면 만장일치는 훨씬 더 유용한 것이다. 그러나 만장일치는 구성원의 수가 제한되어 있거나 또는 동질적인 집단 내에서만 가능한 것으로서 극단적인 두 가지 상충되는 경우에만 그 요건이 충족될 수 있다. 모든 구성원이 거부권을 가지고 참여해야 할 만큼 매우 심각한 결정 사안이 생겼을 경우나 아니면 결정 사안이 별로 중요치 않아 명백히 반대 의사를 표하지 않는 한 이를 찬성으로 간주해도 무방한 경우, 이른바 묵시적 동의의 경우이다. 당연히 만장일치는 결정권자가 오직 두 사람일 경우에만 필요한 방식이다. 이 점이 완전한 합의에 토대를 둔 결정과 법에 따라 이루어지는 결정과의 명백한 차이이다.

　내가 여기서 내리고 있는 민주주의의 기본 정의는 이상에서 말한 두 가지 요건, 즉 상당수 시민에게 직접적이든 간접적이든 전체의 결정에 참여할 수 있는 권한이 부여되어야 한다는 것, 그리고 다수결의 원리 같은 절차적 규칙이 마련되어 있어야 한다는 것 이상의 또 다른 요건이 필요하다. 민주주의의 기본 조건에 들어갈 세 번째 요건으로는 결정권자나 혹은 결정권자를 선출하는 사람들 앞에 실질적인 선택 대안들이 주어져야 하며, 이 대안들 가운데에서 어느 것을 선택할 수 있는 여건이 보장되어 있어야 한다는 것이다. 결정권을 가진 사람들에게 이러한 요건이 의미 있는 것이 되기 위해서는 여론 형성의 자유, 표현의 자유, 언론의 자유, 집회·결사의 자유 등 이른바 기본권이 보장되어 있어야 한다. 이러한 권리들은 자유주의 국가의 초기부터 그 토대가 되었던 권리들로서 법치국가의 기본 교의를 구성하는 것들이다. 여기서 말하는 법치국가는, 본래적 의미를 따를 때, 법에 의거하여 권력을 행사하는 국가를 의미할

뿐 아니라 이른바 인간의 불가침의 권리들에 대한 헌법적 승인으로부터 적법하게 내려진 제한 속에서 권력을 행사하는 국가라는 의미도 포함한다.

이러한 권리의 철학적 바탕이 무엇이든지 간에 이것들은, 민주주의 체제의 특징을 이루는 주요한 절차적 기제가 적절히 작동되기 위해서는 필수적인 전제 조건이다. 이러한 기본 권리들을 부여하는 입헌적 규범들은 그 자체로서 게임의 규칙이 아니라 그 게임을 가능하게 해주는 전제로서의 규칙들인 것이다.

이렇게 볼 때, 자유주의 국가는 민주주의 국가의 역사적인 전제일 뿐 아니라 법적인 전제이기도 하다. 자유주의 국가와 민주주의 국가는 완전히 상호 의존적이다. 자유주의가 민주적인 권력의 적절한 행사에 필수적인 자유를 마련해주는 것이라면, 민주주의는 이러한 기본적인 자유의 존재와 지속을 보장해준다. 바꿔 말하면, 비자유주의 국가에서는 민주주의가 적절히 작동될 수 있을 것 같지 않으며, 역으로 비민주주의 국가에서는 기본적 자유들이 효과적으로 보장되기 어렵다는 말이다. 자유와 민주의 이러한 상호 의존성은 자유주의 국가와 민주주의 국가가 흥망성쇠의 궤적을 같이했다는 역사적 사실을 통해서도 입증될 수 있다.

대의민주주의와 직접민주주의 | 민주화 과정이 점점 확산되고 있는 것을 우리가 직접 보고 있다는 것은 의심할 여지가 없다. 먼저 완전히 새로운 의사 결정 영역에 참여하고자 하는 요구에 의해 성취된 성공을

지적하는 것이 필요하다. 너무 단순화시킨 것이기는 하지만 권력은 오직 두 방향으로만 흐른다. 그것은 하향적, 즉 위에서 아래로 흐르거나 상향적, 즉 아래에서 위로 흐르는 것이다. 현대 국가에서 전자의 전형적인 예는 관료적 권력이고, 후자의 전형적인 예는 정치적 권력인데, 이때 정치적 권력이란 시민으로서의 개인보다는 시민 전체를 위하여 시민의 이름으로 국가·지역·지방의 모든 차원에서 실행되는 권력을 의미하는 경우이다.

근래의 민주화 과정, 즉 상향적 권력의 확장은 개개인들이 그들의 역할 내에서 시민으로서 고려되고 있는 정치적 관계의 영역에서부터, 개인들이 특정한 상황에서 각기 다르게 가질 수 있는 다양한 기능과 다양한 역할이라는 면에서 고려되는 사회적 관계의 영역으로 퍼져나가고 있는 중이다. 부모·어린이·배우자·감독·노동자·교사·학생의 관계들과 의사와 환자 간, 장교와 사병 간, 공무원과 탄원자 간, 생산자와 소비자 간, 공공시설과 관리자와 고객 간의 관계들이 이에 포함될 수 있다.

이상의 논의를 다음과 같이 정리할 수 있을 것 같다. 즉 만약 현재의 민주화 과정에 대해 이야기할 수 있다면, 그것은 많은 사람들이 종종 잘못 이해하고 있는, 대의민주주의에서 직접민주주의로 옮아가는 데 관한 것이 아니라, 엄밀히 말해 정치적 민주주의에서 사회적 민주주의로 옮아가는 데 관한 것이다. 지금까지는 거의 대부분 국가적 차원의 정치 영역에 한정되었던 상향적인 권력은 학교에서 공장에 이르는 시민 사회의 다양한 영역에까지 확산되고 있다. 여기서 학교와 공장에 대해 이야기하는 것은 이곳이 현대 사회의 대부분을 보내는 곳이기 때문이다. 또한 나는 의도적으로 교회를 무시했는데, 왜냐하면 종교적 사회는 설사 민주화에 대한 절박한 논란으로 인해 혼란에 휩쓸린다 하더라도 근본적으로 정치적이지도 시민적이지도 못하기 때문이다.

간단히 말해 우리는 현대 사회가 발전하는 노정을 새로운 민주주의 유형의 출현으로 이해해서는 안 되고, 오히려 대의민주주의처럼 매우 전통적인 민주주의 유형이 이제껏 계급 제도나 관료 조직에 의해 장악되었던 공간들에 침투해가는 과정으로 이해해야 한다.

이러한 관점에서 본다면 단순한 공식, 즉 국가 민주화에서 사회 민주화로의 발전으로 요약할 수 있는 민주적 제도의 발전에서 진정한 전환점이 무엇인가에 대해 이야기하는 것이 정당하다. 만일 전체로서의 공동체에 영향을 끼치는 결정이 이루어지는 영역을 '정치'로 본다면, 역사적으로 정치적 민주주의가 사회적 민주주의보다 앞서 도래했다는 사실을 쉽게 이해할 수 있다.

사람들은 대개 의회제도의 확립을 통해 실현될 수 있는 국가의 민주화와 사회의 민주화는 별개의 것이라고 생각하는데, 이는 가족에서 학교, 기업에서 공공사업의 경영에 이르기까지 대부분의 제도들이 그 역할을 민주적으로 수행하지 못하는 사회에서도 당연히 민주국가는 존재할 수 있다는 사실에 기인한다. 이는 정치적으로 이미 민주적이라고 불리는 나라에서의 민주 발전의 현 단계를 뚜렷이 특징짓는 물음을 제기한다. 즉 민주국가가 비민주적 사회에서 생존할 수 있는가? 이를 또한 다른 방법으로 묻는다면, 정치적 민주주의는 국가가 독재정권의 희생물이 되는 것을 방지하는 데 필요했고 계속

해서 필요할 것이다. 그러나 그것으로 충분하다는 말인가?

오늘날 민주 발전의 지표가 필요하다면, 그것은 투표권을 가지는 사람의 수에 의해서는 충족될 수 없고, 정치의 범위를 넘어서서 투표권이 행사될 수 있는 영역의 수에 의해야만 한다. 이를 설명하는 간결하지만 효과적인 방법은 기존 국가의 민주화의 상태를 판단하기 위한 기준이 더 이상 '누가(who)' 투표하는가가 되어서는 안 되고, '어디에(where)' 투표할 수 있는가가 되어야 한다고 말하고 있는 것이다(그리고 투표한다는 것이 가장 전형적이고 보편적인 참여 방식을 의미하기는 하지만, 참여를 투표권 행사에 국한하려는 의도는 없다는 것이 여기서 지적되어야만 한다). 그러므로 이제부터는 지난 몇 년간 민주주의가 얼마나 발전되었는지에 대한 물음이 던져졌을 때, 우리는 유권자가 얼마나 더 많아졌는지를 살펴서는 안 되고, 시민들이 투표권을 행사할 수 있는 범위가 얼마나 늘어났는지를 살펴야만 한다.

보통 선거권이 획득된 마당에서 민주화 과정의 확대 문제가 거론된다면 그것은 흔히 주장되고 있는 대의민주주의로부터 직접민주주의에로의 이행보다는 정치적 민주주의로부터 사회적 민주주의에로의 이행이 될 것이다. "누가 투표하는가?" 하는 것보다 "어디에 투표하는가?" 하는 것이 더 중요한 문제이다. 환언하자면, 어느 나라에서 민주화가 더 진전되었는지를 알고자 한다면 우선 관련 있는 정책 결정 과정에 참여할 권한이 있는 참여권자의 수가 얼마나 증대되었느냐 하는 것보다는 이러한 권리를 행사할 수 있는 상황이나 영역의 폭이 얼마나 증대되었는지를 알아보아야 한다. 선진 사회에 존재하는 상층부의 두 개의 커다란 권력 블록, 즉 대기업과 관료기구에 대한 민주화의 길이 열리지 않는다면, 이것이 가능한 것이라 하더라도 과연 바람직한 것인가 하는 점은 일단 젖혀두고 민주화 과정은 종결되었다고 할 수 없다.

현대 민주주의의 패러독스 | 내가 일부러 직접민주주의의 한 형태인 국민투표를 예로 든 것은 대의민주주의에 만족하지 않고 직접민주주의를 '체제'의 결함에 대한 즉효요법으로 간주하는 사람들이, 직접민주주의의 장점을 극구 칭찬하기 (물론 이는 정당한 측면을 가지고 있다) 때문이다. 그러나 누차 지적했듯이 민주주의가 어렵다면 직접민주주의는 더욱 어렵다. 나아가, 나는 그것이 이전보다도 점점 더 어려워지고 있음을 지적하고 싶다. 이 주장을 설명하기 위해서 현대의 모든 정치체제가 당면하고 있는 현대 민주주의의 진정한 '패러독스(paradox)'라 불러야 할 몇 가지 문제를 들고 싶다.

민주주의는 인민의 통치를 의미하고 인민의 이름을 붙인 통치가 아니라고 한다면, 완전한 민주주의, 이상적 사회주의가 직접민주주의임에는 틀림없다. 그것이 루소가 영국 인민은 투표함에 표를 넣는 순간에만 자유롭다고 말한 이유이다. 하지만 루소의 언급에 대해 제기할 수 있는 (그리고 이미 수천 번이나 제기되었던) 반론은, 다른 나라의 인민들은 투표하는 순간조차 자유롭지 않다는 것이다. 그러나 루소는 직접민주주의, 즉 아우라(Aura)의 민주주의에 대치되는 아고라(Agora)의 민주주의가 소국가, 곧 모든 시민이 광장에 집합할 수 있을 정도의 크기를 가진 국가에 적합하다는 것을 알고 있었으며, 몽테스키외도 마찬가지였다. 이제 그러한 소국가는 어디에 있는가? 국가는 거대화되고 있으며 이제 광장은 참가하는 시민이 아니라 동원된 군중조차 수용할 수 없다. 몽테스키외도 민주주의의 원리는 국가애(國家愛)로 이해되는 덕이라고 말했다. 그러나 작은 국가만이 자발적인 사랑을 받을 수 있다. 그러므로 로베스피에르는 거대한 프랑스 국가에서 바로 국가를 구하기 위해 덕(德)과 테러를 결합시켜야만 했다.

고대인의 민주주의에 대비되는 현대인의 민주주의의 첫 번째 패러독스는 다음과 같은 점에서 발생한다. 먼저, 우리는 객관적 조건이 점점 더 어려워지는 상황 속에서 끊임없이 점점 더 많은 민주주의를 요구하고 있다. 어제오늘 시작된 일은 아니지만, 커다란 조직 내에서 민주주의의 게임의 규칙을 존중하도록 하는 것만큼 어려운 일이 없다. (…중략…)

이것을 말하는 목적은 민주주의가 미봉책과 안이한 일반화 및 간교한 혁신을 거부하는 극히 복잡한 '실천'이고, 조그만 충격에도 무너질 수 있는 대단히 섬세한 기구임을 다시 한 번 지적하기 위해서이다.

관료제와 테크노크라시 | 더욱 성가신 두 번째 패러독스는 현대 국가가 규모만이 아니라 기능의 범위에서도 증대하며, 어떤 국가 기능의 증대도 관료적 장치, 즉 민주주의적이지 않은 위계적 구조를 가진, 아래로부터 위로가 아니라 위로부터 아래로 향하는 권력 장치의 증대로 귀결된다는 사실로부터 발생하고 있다. 카부르 시대에 장관은 7, 8명

이었는데, 지금은 거의 네 배가 되었다. 각 장관이 자기 자신의 관료군을 필요로 한다—준 국가기관은 계산에 넣지 않지만, 이것도 끊임없이 증가하고 있다—는 사실에 주목한다면, 현대 국가가 관료주의적이며 그 법률이 본질적으로 반민주주의적인 권력 조직으로 나아가는 경향이 얼마나 강하고 또 자연스러운가를 알 수 있다. 같은 시대에 이들 국가 내에서 대체로 이것과 동시에 민주주의화 과정도 진행되고 있는 것도 사실이지만, 민주주의화 과정과 관료주의화 과정이 같은 보조로 진행되고 있을 뿐만 아니라 후자가 전자의 직접적 귀결임도 역시 사실이다. 선거권의 확대에 따라 점점 더 많은 새로운 대중이 권력을 가진 자들에게 자기의 요구를 제기하는데, 이러한 요구는 거의 언제나 국가에 새로운 과제와 부담을 떠안도록 하기 때문에 국가는 그 활동 영역과 장치를 부득이하게 증대시키지 않을 수 없다.

관료주의 국가와 민주주의 국가가 동시적으로 성장한다는 것은 현대 국가의 성장을 목도하고 있는 모든 사람들(어떤 사람은 만족스럽게 또 어떤 사람은 걱정하면서)의 오랜 생각이며, 지금은 습관적으로 쓰는 문구가 될 정도이다. 곧 민주주의(사회주의는 더욱 더하다)가 확대될수록 관료주의도 확대된다. 적어도 이제까지는 그러했다. 그것을 알아야만 우리는 민주주의 논쟁의 배경을 이루는 거대한 난점을 과소평가하지 않을 수 있으며 또한 그 마술적인 해결에 속지 않을 수 있다.

세 번째 패러독스, 이것은 매우 중요한 함의를 갖는 장기적 과정의 산물이다. 자본주의 경제에 근거하든 혹은 사회주의 경제에 근거하든 상관없이, 공업 사회 특유의 기술적 발전이 초래한 결과이다.

즉 이 사회 내에서는 유자격자가 아니면 맡길 수 없는 기술적 해결을 요하는 문제들이 점점 증대하고 있기 때문에 나타난 결과인 것이다. 따라서 전적으로 전문가에 의해서 통치하려는 유혹, 혹은 테크노크라시를 창출하려는 유혹이 계속 생겨난다.

테크노크라시와 민주주의가 충돌한다는 것을 깨닫는 데에는 뛰어난 통찰력이 필요치 않다. 테크노크라시는 유자격자, 즉 어떤 사물에 한해서 잘 알든지 또는 알도록 되어 있는 사람들의 지배이다. 민주주의는 모든 사람, 즉 그 전문지식에 의해서가 아니라 경험에 기초하여 결정해야 하는 사람들의 지배이다. 공업 사회의 주역은 과학자, 전문가, 숙련자이다. 민주주의 사회의 주역은 평범한 시민, 보통 사람, 모든 민중이다. 고대 사회의 사람이 당면해야 했던 문제의 어려움과 우리가 일상적으로 당면하고 있는 어려움을 비교하는 것은 불가능하다.

일례를 든다면, 거대 국가의 경제 문제에 정통하고, 일정한 목적이 세워진 경우에 정확한 해결을 제시할 수 있는 사람들의 숫자가 과연 얼마나 되겠는가? 더욱 나쁜 경우에는, 주어진 수단 아래에서 도달 가능한 목적을 지적할 수 있는 사람이 얼마나 있을 것인가? 그러나 민주주의는 모든 사람이 모든 일을 결정할 수 있다는, 명백히 한계를 갖는 이상에 토대를 두고 있다. 즉 민주주의적 이상에 따르면 정치 문제에서 유일한 권능자는 시민이다. 이러한 의미에서 시민은 주권자라 할 수 있다. 그러나 결정이 점점 기술적으로 되고 점점 비정치적으로 됨에 따라 시민적 권능의 영역, 따라서 그 주권은 좁혀지지 않을까? 점점 기술화되어가는 사회 속에서 더 많은 민주주의를 요구하는 것은 모순이 아닌가?

가치 있는 것들을 향한 마지막 호소 | 이제 결론으로, 환상과 절망에 쉽게 빠져드는 사람들, 특히 젊은이들에 의해 자주 제기되는 근본적인 물음에 대한 해답을 마련하지 않으면 안 된다. 만약에 민주주의가 주로 일련의 절차적 규칙이라면 민주주의가 어떻게 '적극적인 시민들'에게 달려 있다고 주장할 수 있겠는가? 적극적 시민이 있어야 한다는 것은 어쩌면 굳이 필요한 이상이 아닐는지도 모른다. 물론 이상이라는 것은 필요하다. 그렇다고 어떻게 앞에서 예로 든 일련의 규칙들을 획득하기 위해 바쳐온 투쟁들, 이상에 도달하기 위한 그 위대한 투쟁들을 무시해버릴 수 있다는 말인가? 우리는 그것들을 낱낱이 상기해보려 한다.

우선 첫째가 관용의 이상인데, 이 이상은 수세기에 걸친 참혹한 종교전쟁을 치른 이후에야 획득되었다. 만일 오늘날 세계 평화에 대한 위협이 존재한다면 그것은 또 다른 광신주의, 다시 말하면 자기네만이 진리를 독점하고 있다는, 그리고 이를 타인에게 강요하는 데 필요한 힘을 가지고 있다는 맹목적 믿음 탓이다. 굳이 예를 들 필요도 없이 이는 여러분의 눈앞에서 매일 벌어지고 있는 일들이다. 둘째는 비폭력의 이상이다. 민주주의 체제와 독재 체제의 본질적 구분은 오직 민주주의 체제에서만이 시민들이 피를 흘리지 않고 정부를 갈아치울 수 있다는 사실이라고 했던 칼 포퍼의 언명을 나는 결코 잊지 않고 있다. 아주 빈번히 조롱거리가 되기도 했던 민주주의의 형식적 규칙들은 사회적 갈등을 폭력에 호소하지 않고 해결하기 위해 고안된 공존의 테크닉을 역사 위로 최초로 선보였다. 이러한 규칙들이 존중되는 곳에서만이 적대자가 전멸되어야 하는 원수로서가 아니라 내일 우리를 대신해줄는지도 모르는 반대자로서 존재할 수 있게 된다. 셋째는 사고의 자유로운 토의를 통한, 그리고 삶의 태도와 양식의 수정을 통한 사회의 점진적 개선의 이상이다. 오로지 민주주의만이 아마도 우리 시대 최고의 혁명이라 할 수 있는 성의 혁명과 같은 조용한 혁명들이 발화하고 확산될 수 있도록 허용한다. 마지막으로 형제애(프랑스 혁명에서의 박애)의 이상이다. 인간의 역사는 골육상쟁의 역사로 메워져 있다. 《역사철학》에서 헤겔은 역사를 '거대한 살육의 집'이라고 정의했다. 부정할 수 있겠는가? 세상 어느 나라에서고 민주주의적 방법이 하나의 습관이 되었을 때 비로소 그것은 영속해갈 수 있다. 그러나 모든 인류를 하나의 공동운명체로 연대하는 형제적 띠에 대한 인정 없이 민주적 방법이 하나의 습관으로 정착할 수 있을 것인가? 이 공동운명체라는 인식이 나날이 실감을 더해가고 있는 지금이야말로 이러한 형제적 띠에 대한 승인이 더욱 절실하다. 우리는 아직 어렴풋이나마 우리의 길을 비추고 있는 이성의 희미한 등불을 따라서 의미 있는 걸음을 내디뎌야 한다.

ㅡ출전 : 《자유주의와 민주주의》, 황주홍 옮김, 문학과지성사, 1992

대중민주주의

보비오는 정치적 민주주의의 우

세한 측면으로서 규칙을 명확하게 열거하고 있는데, 그 내용은 보통 선거, 투표의 자유와 평등, 조직된 정치집단 사이의 경쟁의 자유, 현실을 변화시킬 수 있는 선택의 가능성, 다수의 의견에 따라 결정을 내리면서도 소수의 권리를 조금도 제한하지 않는다는 원칙, 그리고 소수파가 다수파로 전화할 가능성을 보장한다는 원칙 등이다.

그런데 보비오는 곧이어 다음과 같은 물음이 제기될 것이라고 예상하고 있다. 즉 피아트사의 사장과 노동자는 투표의 자유, 대안을 선택할 자유(?), 대안을 제시할 자유, 소수파에서 다수파로 될 가능성 등을 공유하고 있는가? 보비오는 고용주와 노동자를 절차의 측면에서 동등하게 만들기 위해서 생산기구 내에서의 그들의 위치를 서로 분리시켜야 했으며, 또한 그들을 시민으로서의 추상적 역할 안에서만 고찰해야 했다. 이뿐만 아니다. 보비오는 민주주의적 규칙을 적용하여 "정치적 결정, 즉 집단 전체의 이해관계가 얽혀 있는 결정을 내릴 때 시민의 대부분이 직접적으로나 간접적으로 가장 광범위하게 그리고 가장 확실하게 참여할 수 있도록 하라."고 요구하고 있다. 그렇다면 집단 전체의 이해관계가 얽혀 있는 결정이란 무엇인가? 시론의 끝부분에서 보비오는 이탈리아에서는 경제 분야의 중대한 결정은 대의기관에 의해 내려지는 것이 아니라 "사적인 권력, 즉 그 부분적인 성격이 전혀 국민적이지 않은 권력에 의해 내려지고 있다."는 주석을 달아놓고 있다. 그리고 그 다음에는 "이탈리아처럼 발전하지 못한 자본주의 사회의 대의제도는 현실이라는 넘어설 수 없는 한계를 갖고 있다."고 말하면서 자본주의 사회에는 '반감된 주권'이 생긴다는 결론을 내리고 있다. 일부 공산주의자는 분명히 이러한 결론에 찬성할 것이다. 그렇지만 이러한 공산주의자의 찬성은 과연 진심에서 우러난 것일까?

사실 '사적인 권력'이란 무엇인가. "경제 발전을 위한 중대한 결정이 내려지고 있다"(?)는 것은 어떠한 경우를 말하는가? 단지 어딘가에 존재하고 있는 인민주권에서 배제된 사회의 한 부분이라고 말하기만 하면 되는가? 그렇지 않으면 생산적이고 사회적인 모든 기구의 중심에 있을뿐더러 그 구조를 조건으로 하는 권력인가? 그런데 여기서 후자의 견지에서 '사적인 권력'을 파악할 경우 문제가 되는 것은 우리 눈앞에 놓여 있는 외적인 제한이 아니다. 모든 대의민주주의 체제의 내부에 존재하고 있는 제한, 그리고 보비오가 민주주의의 척도로 열거한 '규칙'의 성격과 범주를 규정하고 있는 제한이 문제가 될 것이다. 보비오는 추상적 시민에 대해서 거론하고 있는데, 만약 경제적 결정의 영역이 인간적인 색채가 보다 뚜렷한 추상적 시민의 자질에 불리하게 작용하거나 노동자로서의 추상적 시민 또는 노동할 수 있는 가능성 그 자체에 불리하게 작용하는 조건을 만들어낸다면, 그리고 이와 동시에 경제적 결정의 영역 그 자체가 추상적 시민이 선출한 조직의 권한 아래에 있다면 이 추상적 시민은 주권에 참여하고 있다고 거의 느끼지 못할 것이다. 그렇다면 바로 이 부분에서 노동운동 진영의, 아니 더욱 정확하게 말한다면 마르크스주의 사상의 현대 국가에 대한 신랄한 비판은 새로운 의미를 갖게 된다고 해야 하지 않겠는가? 국가 이론에 대한 마르크스주의적 연구의 공헌은 형식적인 평등의 수준으로까지 올라간 현대 정치를 '분리 상태'에 도달하게 만든 내부기구를 해소시켰다는 데서 찾을 수 있지 않을까?

이러한 문제의식의 몇 가지 측면은 이탈리아의 헌법 안에 담겨 있다. 즉 헌법은 무엇보다도 먼저 이탈리아를 '노동에 기초를 둔' 공화국으로 규정하고 있으며, 제3조에서는 "시민의 자유와 평등을 사실상 제한하고 있고 인간의 충분한 발달과 모든 노동자의 정치적·사회적 장애물"을 제거할 것을 요구하고 있다. 아울러 헌법은 사회의 질서와 인격의 충분한 발전 사이에는 기본적으로 모순이 존재한다는 것을 인정하고 있다. 더군다나 노동자를 중심에 놓고 살펴본다면, 헌법은 현재의 사회질서 안에서는 인격의 발전이 제한될 뿐만 아니라 자유와 민주주의 그 자체도 제한될 수밖에 없다고 파악하고 있다. 그런데 여기에는 보비오가 주장하고 있는 절차의 유효성과 범주 그 자체의 제한도 포함시켜야 할 것이다.

이러한 헌법 조항이 파시즘의 폐허 위에서 작성되었다는 것은 결코 우연한 일이 아니다. 실제로 헌법은 우리가 짊어지고 나아가야 할 무거운 짐이다. 제국주의, 두 차례에 걸친 잔악한 전쟁, 파시즘, 나치즘 등 20세기 초부터 시작된 대의민주주의의 위기는 무엇보다도 우선 사회 체제의 변화를 근본적으로 부정해버린 데 따른 결과가 아닐까? 생산기구 안에서 터져 나왔던 미해결 모순은 자유주의적 민주주의 국가가 붕괴하게 된 원인이지 않을까?

대의기관의 변화 과정과 사회적 모순 사이의 관련에 대해서 분석하지 않는다면 민주주의를 더욱 곤란하게 만든다고 보비오가 말한 '패러독스'를 이해할 수 있는 열쇠조차 발견해낼 수 없게 된다. 그러면 이러한 '패러독스'는 어디에서부터 발생하고 무엇을 의미하는가?

대중의 추진력이 증대된다면 국가의 관료주의화와 그 '분리성' 의 확대에, 다시 말해서 새로운 순응주의에 이르게 되는가, 어떻게 해서 이와 같은 어처구니없는 일이 벌어지게 되는가? 이러한 물음은 근본적인 물음이다. 왜냐하면 이러한 과정이 계속되면 보비오가 강조하는 절차의 기구에 충격을 줄 수밖에 없기 때문이다. 즉 정치적 민주주의로부터 사회적 민주주의로 전화하는 문제를 해결할 수 없을 뿐만 아니라, 대의기관을 곧바로 새로운 위기에 몰아넣으리라는 것이 명확해지기 때문이다.

나는 생산과정에서 발생하는 근본적인 변화에 주목할 필요가 있다고 생각한다. 뿐만 아니라 자본주의가 과거 수십 년에 걸쳐 스스로를 재구조화하고 국가와 경제 사이의 새로운 관계의 기초를 구축하기 위해 채택한 케인스적인 방법과 정책이 갈 수밖에 없는 막다른 길에도 눈을 돌릴 필요가 있다고 생각한다.

이러한 사회적·정치적 과정은 서로 호응하여, 한편으로는 독점적 집적을 증대시켜 사회 전체에 '침입'할 수 있게 하고, 다른 한편으로는 과거에 착취 받았던 수많은 대중과 인민의 조직이 갖고 있는 세력과 권력이 강조되고 있는 상황 속에서 국가의 면모, 역할, 배치를 변화시키고 국가가 정치라는 틀의 단순한 '보장자' 또는 생산기구의 '지주' 역할을 초월하여 나아갈 수 있도록 해줌으로써 국가를 자본주의적 시장의 '정상적인' 도구로는 통제할 수 없는 축적 과정, 저축-투자 관계의 조정센터로 만들고 있다. 그러므로 바로 여기에서 국가에 대한 마르크스주의적 분석을 근본적으로 수정하고 현실의 운동에 대한 마르크스의 형태상의 예견을 더욱 구체화시킬 필요성이 나타나게 된다.

국가의 역할이 이렇게 확대되고 변화하면 보비오가 주장한 바와 같이 민주주의의 실현은 한층 더 곤란해지는가? 나는 그렇다고는 생각하지 않는다. 현대에 비해서 훨씬 더 분리되고 경직되어 있었던 1세기 전의 국가기구의 국왕과 8명의 장관, 고정된 군부의 위계질서가 현대의 관료제보다도 통제하는 데 더욱 유리했는가? 2, 3세기 전의 사회에서는 '기술성'은 현대보다 덜 중요했는데, 그러면 그 당시에는 오히려 현대보다 훨씬 더 지식의 독점이 제한적이었고 심지어는 '카스트적'으로까지 제한적이었는가? 또한 그 당시에는 '순응주의'가 보기 드물었고 또한 전통이 몹시 중요하게 작용했으며 이와 함께 자치 도시주의의 우매함, 제한적인 제반 관계, '소지역' 등이 존재했기 때문에 생산적·문화적 후진성도 덜했는가? 아테네의 아고라에서는 실제로 무엇을 어느 정도로 결정했고, 결정된 것을 어느 정도로 실행할 수 없었는가는 잘 알려져 있다.

이렇게 국가의 역할이 새로운 차원으로 확대되면 예민한 문제가 나타날 뿐만 아니라 이와 동시에 각계각층의 대중과 다양한 직업은 새로운 전망에 따른 적응능력을 시험받게 되고 그 결과 위치 변동과 치환이 일어나게 된다. 현대의 관료제는 대중의 사상, 즉 신중간층을 의미하며, 기술성의 확대는 낡은 역할과 낡은 지식인의 위기를 의미한다. 그러므로 이러한 기술성의 확대에 따른 지식의 재구성 과정에서는 여러 가지 꼭 필요한 일이 발생하게 된다. 이것은 모두 보비오가 말한 바와 같이 경제라는 넓은 영역을 독점화하는 권력자의 필요와 일치하고 조화를 이루는가? 여기에는 조건이 뒤따른다. 즉 노동운동의 이니시어티브는 '미신적'인 국가관으로부터나 외면적인 '보장주의'관으로부터 벗어나야 한다는 조건을 충족시키지 않으면 안 되는 것이다. 간략하게 말해서 우리는 보비오가 말한 '패러독스'는 인민주권에 내실을 부여하려는 시도인 만큼 인민주권을 생산과정 깊숙한 곳에까지 확장시키고 이와 동시에 장기간에 걸친 복잡한 모순투성이의 이행을 제어할 수 있는 현실적인 도구를 만들어내는 일에 착수한다면 그것은 쉽게 극복될 수 있을 것이다.

그렇다면 문제는 의회를 옹호하는 데 있을 뿐만 아니라 어떻게 의회를 위해서 우리가 투쟁해야 하는가를 결정하는 데 있다. 문제는 현대적 권리, 즉 '평등의 권리'와 관련된 가치를 집약하고 보장하는 데 있을 뿐만 아니라 민주주의적 관례와 통제, 계급 사회에서 채택해야 하는 '불평등한' 규범적 장치의 실현 가능한 제반 형태를 규정하는 데 있다. 또한 문제는 현재의 민주주의의 본질적인 양상은 법률의 적용을 중심으로 해서 전개될 뿐만 아니라 그 실행의 통제, 즉 정치적 선거체의 주권(및 내용)을 재확인하는 데 있다는 것도 인정해야 한다.

나는 계급 사회에서 직접민주주의가 대의민주주의에 대하여 독자적인 것 내지는 별개의 것 또는 대의민주주의 이후에 나타나는 것이라고 생각하지 않는다. 하지만 기층 민주주의의 조직체를 대의민주주의의 일측면 혹은 대의민주주의의 한 구성요소라고 생각한다. 즉 대의민주주의는 사회의 재구성, 사회의 유기적 재구조화의 도구라고 생각할 수 있는데, 그렇다면 만약 대의민주주의가 없다면 중앙의 정치적 통일은 전제주의에 어긋나게 될 수밖에 없는가? 또는 대의민주주의는 동렬에 있기 마련인 귀찮기만 한 매개로 되는가? 이것이 문제이다.

극히 개략적인 일례를 든다면 경제의 기본 조건을 프로그램화할 수 있는 일정한 형태의 의회를 갖기 위해서라도 공장평의회는 존재할 필요가 있는 것이다. 그리고 이와 동시에 공장평의회는 현재 나타나고 있는 모습에서 알 수 있는 바와 같이 임금이나 경영 문제를 다루는 데 머무르지 않고 통일적인 국민적 정치 집회가 될 필요가 있다. 따라서 이러한 필요에 비추어볼 때, 그람시의 '역사프로젝트'와 '헤게모니'의 개념은 대단히 풍요롭다는 것을 새삼스럽게 이해할 수 있다. 그것은 동의의 필요라는 그냥 단순한 호소뿐만 아니라 동의의 유기적인 기저의 탐구 및 창조로서 이해된다. 이렇게 사회 과정과 결합해 있는 국가를 강제라는 측면에서만 파악하여 그 역할을 항상 고정시키고 계급 투쟁의 발전 외부에 있는 것처럼 여긴다면 국가에 대한 변혁을 제대로 이해하기란 힘들어진다. 이리하여 중간 목표의 가치와 그람시가 '수동혁명'이라고 부른 작전을 종속적 수준에 두지 않고서 이용하는 일련의 가치가 재인식되고 있다. 정치적 매개는 두말할 필요 없이 구조적 건설의 성격을 갖고 있다는 점에서 재평가되어야 한다. 정치적 매개는 물론 정상에서 잡아끈다고 해서 따라오지는 않으며 엄밀한 이론화를 필요로 한다. 왜냐하면 이론은 민주주의 및 민주주의의 가치, 사회의 재결집과 재구성에 그 발전의 기초를 두어야 하기 때문이다.

－출전 : 《마르크스주의 국가이론은 존재하는가》, 구갑우 옮김, 의암, 1992

으로 보아 자유민주주의는 일부 특권적 사회집단에 유리하게 작용했다. 여기서 소외된 집단들—빈곤 계층, 여성, 소수민족 또는 소수인종 집단, 원주민, 노약자, 장애인, 이주 노동자, 난민—은 자기 권리를 주장하기 위해 직접행동에 호소하곤 했다. 그전까지 주류 정치에 의해 무시되었거나 주변화되었던 문제, 예를 들어 환경 파괴 같은 문제를 해결하기 위해 직접행동형 사회운동이 일어나기도 했다. 그러므로 직접행동은 간혹 기존 정치에 대한 아나키즘적 거부 경향을 반영하기도 하지만, 통상 대중이 느끼는 권리의 박탈감 또는 정치적 접근성의 박탈감에 대한 반응으로 이해할 수 있다. (…중략…)

　일반적으로 직접행동은 사람들이 정부 또는 기업과 같은 힘 있는 집단에 압력을 가하는 데 필요한 하나의 수단으로 이해할 수 있다. 비판자들은 납세 거부, 파업, 불매 운동처럼 협력 또는 지지 철회를 하거나, 아니면 시민 불복종과 같은 특정 법률에 대한 도전 또는 물리적 저지를 통해 압력의 지렛대를 확보할 수 있다. 충분히 많은 사람들이 직접행동에 돌입할 경우 상당히 큰 영향력을 발휘할 수 있다. 직접행동은 항의자들이 구사하는 전술과 목표 사이에 분명한 연결고리가 존재함을 보여준다. 토지에 대한 권리를 주장하면서 땅을 점유하는 농민, 벌목을 막기 위해 나무에 자기 몸을 묶는 환경운동가, 혹은 국경 통제와 이주자 정책에 항의해서 강에 보트를 이어 다리를 놓는 운동가 등이 좋은 예이다. (…중략…)

　직접행동이 강압적이고 대결적인 양상을 띠게 되었다고 해서 직접행동이 통상적으로 폭력을 사용한다는 뜻은 아니다. 예를 들어 1990년대 후반과 2000년대 초반 사이 런던시티에서 일어났던 반자본주의 시위, 그리고 그 후 나타난 전 지구적 신자유주의 반대 투쟁에서—특히 2001년 7월의 제노바 사건 당시—극소수 시위대가 고의로 사유재산을 파괴하거나 경찰을 공격한 사례가 있었던 것은 사실이다. 하지만 대다수 시위대, 예컨대 평화운동가와 환경운동가들은 물리적 폭력을 배격했다. (…중략…)

대의민주주의에서 민중이 정부의 불법행위 또는 권력 남용에 대항해 대중 동원과 저항을 벌이는 경향이 점차 늘어나고 있다. 군사 쿠데타에 대한 저항과 마찬가지로 민주주의에 입각해 피플 파워형 행동을 정당화할 수 있다. 물론 대중이 정치적으로 분열되어 있을 수도 있고, 영향력 있는 외부 세력의 역할로 인해 대중의 직접행동에 대한 정당성에 의구심이 생길 수도 있다. 하지만 이런 경우라 하더라도 대중의 대규모 비폭력 저항은 불완전하나마 민주주의의 징표라고 주장할 수 있을 것이다. (…중략…)

자유민주주의 국가에서 시민들이 정책 결정자에게 접근할 채널이 없다고 말할 수는 없다. 그러나 통상적인 방식으로 항의하는 것만으로는 사람들의 견해가 확실히 전달된다는 보장이 없다. 이런 방식으로는 비전통적인 견해를 지닌 사람의 숫자가 많더라도—숫자가 중요하긴 하지만— 언론매체에 의해 간과되거나 정책 결정자에 의해 무시되곤 한다. 직접행동에 호소하는 첫째 동기는 여론의 주목을 끄는 것이지만, 그러한 홍보가 진정한 정치적 논의의 전제 조건이 될 수도 있다. 따라서 일정한 형태의 직접행동은 핵심 이슈에 대해 의사를 표현하려는 호소라고 해석할 수도 있다. (…중략…)

직접행동은 어떤 역할을 하는가? | 자유주의 이론은 정기적인 선거, 입법부의 행정부 감시, 사법부의 역할, 독립적인 언론을 통하여 언제나 국가에 맞서 개인과 집단의 자유를 유지하는 일을 핵심 사안으로 간주해왔다. 시민의 자유를 옹호하는 단체들은 흔히 의회 의원을 통해 억압적인 법률을 개폐하고, 기존의 시민 권리를 침해할 소지가 있는 시책을 반대하며, 개인의 권리 예컨대 재소자나 망명 신청자의 권리를 보장할 수 있었다. 운동가들은 또한 사법부에 호소하는 경우도 많았다. 사법부는 흔히 정부의 시책에 반대하는 입장을 취하면서 시민의 권리를 옹호하는 데 중요한 역할을 수행했다.

그러나 자유주의 국가에 가해지는 군사·안보 압력은 정치적 자유를 침해하는 경향이 있다. 예컨대 근본주의 집단을 제한하는 것과 같은 조치는 자유주의적 근거 또는 공공질서 유지 차원에서 정당화될 수 있다. 하지만 국제적 긴장이 고조된 상황에서는 극단적인 비자유주의가 쉽게 득세하곤 한다. 1950년대 미국에서 매카시즘 때문에 발생한 억압적 분위기가 좋은 사례다. '빨갱이' 혐의자들을 직장에서 몰아낼 수 있는 권한을 보유하고, 협조하지 않는 증인을 투옥할 수 있는 권한을 지녔던 미 하원 비미활동위원회의 청문회는 대중을 히스테리 상태로 몰아넣었다. 특히 연방 정부 공직자들이 의혹의 대상이 되었다. 15,000명의 공직자들이 공산주의 동조 혐의로 사직해야 했다. 수백 명의 교사와 대학교수들이 강단에서 쫓겨났고 좌파

성향의 노동조합 지도자들이 축출되었다. (…중략…)

개인의 자유를 확보하는 것은 자유민주주의의 핵심 중 핵심이다. 그러나 대의민주주의에서는 공정한 선거와 시민의 정치적 평등 역시 근본적으로 중요하다. 투표권, 그리고 결사체와 압력단체에 속할 권리 등은 시민이 정치적 목소리를 낼 수 있는 기본적 보장책이라고들 한다. 선거 과정과 통상적인 압력단체에 의한 로비는 부유층 특히 대기업에 편향되어 있다. 오늘날 미국에서 다국적기업의 경제·정치적 권력은 특별히 주목할 만하다. 미국에서는 개방형 경선과 선거를 치르는 과정에서 엄청난 자금이 소요되므로 특혜 정책을 위해 돈을 제공할 능력이 있는 대기업의 정치자금 기부가 기부 액수만큼의 영향력을 발휘하도록 되어 있다. 정당과 후보에 대한 자금 지원은 기업이 영향력을 행사하는 방법 중 일부에 불과하다. 정부 정책에 영향을 끼치기 위해 막후에서 활동하는 경제단체협의회가 수행하는 역할이 더 중요하다. 기업은 국가 차원에서 언제나 엄청난 정치적 영향력을 행사해왔다. 그러나 경제·정치적 지구화에 힘입어 기업들은 이제 유럽연합과 같이 지역 수준에서, 그리고 국제 수준에서도 대단히 효과적으로 활동할 수 있게 되었다. 하지만 기업에 맞서 일종의 대항력을 발휘할 수 있는 노동조합의 역할은 날로 약화되고 있다. (…중략…)

참여민주주의와 직접행동 | 심의민주주의 이론은 정치적 결정을 내리는 데 심사숙고하는 논증을 중시하며, 심의에 필요한 조건을 제시한

다. 코언(Joshua Cohen)은 이상적인 심의 절차에서는 심의에 참여하는 모든 당사자가 서로를 평등한 존재로 여겨야 한다고 말한다. 이런 원칙을 설정하면 특정 집단이 원래 수준이 낮다든가, 어떤 이익집단을 특히 배려하자는 따위의 주장을 미리 배제할 수 있다.

심의민주주의는 정치적 결정을 내릴 수 있는 현실 상황의 근거로서만이 아니라 그러한 정치적 결정의 정당성의 근거로서, 부문별 이익집단들 간의 협상과 타협을 강조하는 자유민주주의 이론과 대비할 수 있다. 다른 한편, 심의민주주의 모델은 '인민의 의지'에 기반해서 정책을 입안해야 한다는 대중주의적 믿음—인민의 의지가 권위의 원천이라는 근거를 지닌—에 반대한다. 그러므로 심의민주주의는 민주적 정당성의 원천과 이상적 정치 과정이라는 두 가지 문제를 함께 다루는 이론이다. (…중략…)

심의민주주의자의 관점에서 볼 때 강압적인 형태의 직접행동은 논란의 여지가 아주 많다. 그런데 심의민주주의 이론가들이 현대 자유주의 국가의 제도와 시장이라는 맥락을 이미 받아들이고 있기 때문에, 사실상 어느 정도나 실질적인 심의가 가능할 것인가, 또는 어느 정도나 심의가 정치에서 핵심이 될 수 있을 것인가—공적인 논의를 위해 포럼을 확대함으로써—하는 문제는 흔히 모호하게 처리되고 있다. (…중략…)

직접행동은 민주주의의 실천이다 | 직접행동을 일차적으로 정당화할 수 있는 근거는 민주주의의 결손이 존재한다는 사실이다. 그러므로

만일 대의민주주의가 철두철미하게 시행되거나 적절한 참여의 채널을 완벽하게 보장받는다면, 그럴 때에도 직접행동이 여전히 정당화될 수 있는가 하는 의문이 생길 수 있다.

대의민주주의만으로는 완전한 민주주의라 할 수 없다. 첫째, 소수의 목소리가 다수에 의해 묵살될 수 있기 때문이다. 둘째, 대의제 자체가 지배 엘리트에 의한 포섭을 불러올 수 있고, 대표로 뽑힌 사람들과 그들이 대표한다고 하는 일반 대중의 격차가 커질 수 있기 때문이다. 바로 이런 경향 때문에 자유민주주의 국가 내의 사회주의자나 녹색운동가들이 직접행동을 지지하는 것이다.

그러나 위의 질문은 참여민주주의가 '진정으로' 보장되는 맥락에서라면 대답하기가 쉽지 않다. 피터 싱어는 《민주주의와 불복종》에서, 모든 사람들이 자기 목소리를 낼 수 있고 투표를 할 수 있는 이상적인 참여민주주의 모델을 가정한 후, 이 문제의 해결을 시도한다. 싱어는 만일 그런 상황이 있다면 최종 결정에 사람들이 승복해야 할 강력한 근거가 되겠지만, 그렇다 하더라도 경우에 따라 의사결정 절차가 완전히 이상적인 것이 아닐 수 있으므로 "공정한 취급을 받지 못한 소수 의견"이 대중의 주목을 받으려면 비폭력적인 불복종을 행할 여지가 있다는 결론을 내린다. 싱어는 또한 중요한 원칙이 흔들릴 위험에 놓인 상황에서도 불복종 행동을 정당화할 수 있다고 본다. (…중략…)

나는 먼저, 직접행동을 긍정적으로 분석하는 관점에서 직접행동이 특히 빈곤 계층이나 주변화된 계층에게 대항적 형태의 권력을 부여하기 때문에 정당화될 수 있다는 이론을 발전시켰다. 더욱이 이러한 대항적 권력은 함께 행동하는 사람들로부터 나올 수 있으므로 개인적으로 약한 존재라 하더라도 집단적으로는 강한 존재로 탈바꿈할 수 있다. 소수의 열성적인 항의자들 덕분에 보통 사람이 영감을 얻어 어떤 주의 주장을 펼칠 수도 있고, 대중의 폭넓은 성원이 나타날 수도 있다. 그러나 일반적으로 더 많은 사람들이 직접행동에 참가할수록 어떤 주장의 잠재적인 영향력은 더 커진다. 그러므로 아렌트가 말했듯이 직접행동은 본질적으로 민주적인 형태의 권력이다.

(…중략…)

직접행동은 기존의 민주제도를 보존하고 확장하는 역할뿐 아니라 새로운 형태의 민주주의를 창조할 수도 있다. 지배 체제에 대한 저항과 항의로부터 출발하여 새로운 정치·경제적 제도가 생겨나는 경우를 흔히 볼 수 있다. 과거 노동조합의 발전 또는 오늘날 사회적 조합의 발전 등이 좋은 예이다. 직접행동은 대의민주주의를 의미하기도 한다. 그러나 직접행동은 직접민주주의의 실험으로 이어지는 경우가 더 많다. 공장이나 토지를 공동 운영하는 것 같은 협업 활동은 노동자의 작업 통제나 협동조합 등의 평등주의적 해결책을 촉진한다. 또한 항의 행동은 현재 남아프리카 일부 타운십의 사례처럼 집단적 의사 결정으로 자연스럽게 이어질 수 있다. 항의 운동의 전통은 간혹 풀뿌리 차원의 시민운동을 불러일으킬 수도 있다.

—출전 : 《직접행동》, 조효제 옮김, 교양인, 2007

2부

롤스와 켈젠, 싱어의

시민 불복종 논쟁

시민 불복종은 정당화될 수 있는가?

시민 불복종은 어디까지 정당화될 수 있는가?

시민 불복종은 정당화될 수 있는가?

박쌤 | 오늘은 롤스 선생과 켈젠 선생을 모시고 시민 불복종을 주제로 논쟁을 벌이겠습니다. 시민 불복종이라고 하면 아마 많은 분들이 소로의 시민 불복종, 혹은 간디의 불복종 운동을 떠올릴 것 같습니다. 사실 시민 불복종 문제는 소로의 문제 제기 이후 지금까지 미국뿐만 아니라 전 세계적으로, 이론적인 차원에서만이 아니라 현실적인 실천의 문제로도 뜨거운 논쟁이 이어지는 주제입니다.

　미국에서는 멕시코 전쟁이나 흑인 인권 운동, 나아가서는 베트남 전쟁 당시 시민 불복종을 실천한 경험이 있고요. 간디에 의해서 인도 독립 운동의 중요한 수단으로 사용되었다는 사실은 유명하지요. 또 2차 세계대전 이후에는 개발독재 국가에서 민주화 운동의 일환으로 활발하게 사용되었습니다. 다른 한편으로는 자본주의와 민주주의가 발달한 선진국에서도 국가에 저항하는 중요한 운동 방식으로 종종 사용되기도 합니다.

오늘 논쟁은 이론적 차원과 실천적 차원 양쪽에서 진행하고자 합니다. 그중에서도 켈젠 선생과의 논쟁은 아무래도 이론적인 차원에서의 논의가 많을 것 같고요.

시민 불복종과 관련해서는 여러 가지 논쟁점이 있겠지만 오늘은 다음과 같이 크게 두 가지로 쟁점을 구분해서 진행하고자 합니다.

- 시민 불복종은 정당화될 수 있는가?
- 시민 불복종은 어디까지 정당화될 수 있는가?

앞의 쟁점은 말 그대로 시민 불복종이 인정될 수 있는가의 문제입니다. 이 문제는 그동안 역사적인 정당성 인정은 물론이고 법적인 인정을 두고 크게 논란이 되어왔습니다. 켈젠 선생이 법학자이기 때문에 법적인 문제와 밀접한 관련을 맺고 논쟁이 진행되리라 예상됩니다. 두 번째 쟁점은 시민 불복종의 정당성을 인정한다고 할 때 어디까지 인정할 수 있는지, 또 시민 불복종 행위를 하는 자에 대한 국가의 대응은 어떠해야 하는지의 문제라고 할 수 있습니다.

첫 번째 문제와 관련해서는 롤스 선생과 켈젠 선생의 논쟁으로 대담을 진행하겠습니다. 사실 켈젠 선생의 경우 직접 시민 불복종에 대한 전면적인 논쟁을 하신 것은 아니었지요. 하지만 시민 불복종을 반대하는 법적 논리로 가장 비중 있게 사용된다는 점에서, 이 문제에 대한 깊이 있는 논쟁을 이끌어나가는 데 가장 적합한 분이라 생각해서 이 자리에 모셨습니다.

두 번째 문제는 시민 불복종 자체를 인정한다는 전제로 전개되는 논쟁이기 때문에 켈젠 선생의 입장에서는 논의 자체가 어려울 것 같습니다. 하지만 시민 불복종의 범위와 한계 문제는 이 주제와 관련해서 빼놓을 수 없는 내용이기에 불가피하게 참석자를 바꿔서 롤스 선생과 피터 싱어 선생의 논쟁으로 진행하려고 합니다. 이 점, 두 분 선생께 양해를 구합니다.

본격적인 논의에 앞서서 먼저 시민 불복종의 개념부터 명확히 할 필요가 있겠습니다. 일단 핵심 개념에 대한 이해를 공유해야 논의가 불필요한 방향으로 나아가는 것을 막을 수 있을 테니까요. 이에 대해서는 아무래도 롤스 선생이 먼저 정리를 해주는 것이 좋겠습니다.

롤스 | 그게 좋을 것 같군요. 시민 불복종은 완전히 정의롭지는 않으나 어느 정도 정의로운 민주 체제에서 법률이나 정책 또는 명령이 정의의 원칙을 어겼을 경우에 사회협동 체제의 조건들이 지켜지고 있지 않다는 것을 알리기 위해 항거자가 다수자의 정의감에 호소하는 정치적 행위라고 정의할 수 있습니다. 그런 점에서 법률이나 정부 정책의 변화를 유도하려는, 공적이며 비폭력적인 양심에 의해 이루어지는 행위이지요.

완전히 정의롭지는 않은 사회를 가정하는 것은 조금만 생각하면 이해가 갈 내용입니다. 어떤 사회가 완전히 정의롭다면 여기에 저항할 필요가 없을 것이고, 그러니까 시민 불복종이 존재할 이유도 없겠죠. 반대로 어느 정도 정의로운 민주 체제로 한정하여 개념을 설명하는 것에 대해 의문을 갖는 사람도 있을 수 있습니다. 그런 사람들은 그러면 전면적으로 부정의한 사회에서는 시민 불복종이 필요 없느냐는 반론을 펼 텐데요. 전면적으로 부정의한 사회에서는 시민 불복종이 아니라 근본적인 혁명이 필요하겠죠. 그래서 시민 불복종은 기본적인 민주적 절차가 보장된, 그런 의미에서 어느 정도 정의로운 민주 체제에서 나타나는 부정의에 어떻게 대처할 것인가의 문제라고 할 수 있어요.

그리고 시민 불복종은 불복종의 대상이 법률이나 법률의 효력을 갖는 명령, 정부 정책이라는 점에서 공적인 성격을 지니고 있습니다. 사적인 집단이나 개인의 규칙, 행위에 대해 이루어지는 것이 아니라는 얘기입니다. 또 시민 불복종은 소수자가 시작한다는 특징이 있습니다. 만약 다수자의 의사라면 합법적인 절차를 통해서도 얼마든지 바꿀 수 있으니까요. 그런 점에서 시민 불복종은 소수자가 다수자의 정의감에 호소하여 정의의 원칙에 따라 법을 바꾸도록 하는 행위라고 할 수 있습니다. 그런 점에서 직접적으로 법이나 명령을 바꾸는 혁명적인 행위와는 구별이 됩니다. 그렇기 때문에 비폭력을 전제로 하고요.

박쌤ㅣ 롤스 선생이 시민 불복종의 개념에 대해 비교적 상세히 설명을 해주어서 이제 그 의미에 대해서는 오해가 없을 것 같습니다. 이제는 시민 불복종이 어떻게 성립할 수 있는지, 왜 정당하다고 주장하는지에 대한 설명이 있어야 하겠습니다. 개념이 분명하다는 것과 그것이 옳다는 것은 전혀 별개의 문제이니까요.

롤스 | 저는 기본적으로 소로가 《시민의 불복종》에서 "시민은 잠시 나마 또는 최소한으로나마 자신의 양심을 정부에 맡겨야 하는가? 그렇다면 왜 모든 사람들이 양심을 갖고 있는가? 우리는 먼저 인간 이어야 하고, 그 다음에 국민이어야 한다고 나는 생각한다. 법에 대한 존경심보다는 먼저 정의에 대한 존경심을 기르는 것이 바람직하다."라고 주장한 바를 상기할 필요가 있다고 생각해요.

법에 앞서는 것이 정의의 문제입니다. 법과 제도는 정의에 기초할 때 정당할 수 있습니다. 우리가 어떤 판단과 행동을 할 때 일차적으로 의지해야 하는 것은 그것이 정의의 원칙에 일치하는지 여부라고 할 수 있습니다. 흔히 민주적인 절차를 통해 만들어진 법은 정당하기 때문에 모든 시민이 어떤 경우에도 반드시 지켜야 할 것으로 여겨집니다. 하지만 민주 체제에서 다수결을 통해서 정당하게 만들어졌다고 해서 그 법이 정의롭다고 말할 수는 없습니다. 절차의 정당성이 자동적으로 내용의 정당성을 보장하는 것은 아니니까요. 다수가 정의롭지 못한 결정을 내리는 경우도 얼마든지 있을 수 있잖아요. 그러므로 양심이 있는 개인이 법적인 판단에 자신의 판단을 예속시킬 필요는 없다고 봐야 합니다. 개인의 판단에 비추어볼 때 다수자의 입법이 어느 정도의 부정의를 넘어섰을 경우 시민들은 시민 불복종 행위를 고려할 수 있고, 이 경우 시민 불복종은 정당화될 수 있습니다.

물론 법이 정의롭지 못한 면이 있다고 해서 모든 불복종이 정당화되는 것은 아닙니다. 완전한 정의를 실현하는 것이 현실적으로 어려운 문제이기 때문에 일반적인 수준의 법은 일정하게 제한적인 수준의 정의를 담고 있게 마련이죠. 이는 인간의 지혜가 부족하고 정의감에 결함이 있기 때문에 불가피하게 나타나는 결과입니다. 이러한 정도의 부정의는 사회 공동체의 성원 모두가 그 부담을 나누어질 필요가 있습니다. 그런 점에서 우리는 다수가 제정한 법이 일정한 부정의를 포함하고 있다고 해도 일반적 차원에서는 이에 따라야 할 자연적인 의무를 갖게 됩니다.

하지만 법이 갖고 있는 부정의가 사회 공동체 구성원들이 공동으로 부담해야 할 범위를 넘어서는 정도로까지 심각할 때는 그것이 아무리 정당한 절차에 의해 만들어진 것이라 하더라도 여기에 불복종할 권리도 갖게 됩니다. 정의의 근본적인 원칙을 훼손하면서까지 우리가 부정의를 감수해야 할 의무는 없습니다. 왜냐하면 다수자의 행

> 66 법은 정의에 기초할 때에 정당한 것입니다.
> 법의 부정의가 심각할 때는 절차적
> 정당성을 밟았다고 해도 시민 불복종을
> 실행할 수 있습니다. 99

위라고 무조건 받아들일 필요도 없으며 우리와 타인의 자유를 유린하는 결정에 순종할 필요도 없기 때문이죠.

켈젠 | 롤스 선생은 법의 정당성이 마치 정의에 기초할 때만 인정될 수 있는 것처럼 주장하는군요. 제가 보기에 선생이 말하는 시민 불복종 논리의 가장 큰 오류는 바로 정의를 법의 가장 중요한 덕목으로 보는 발상 자체에 있는 것 같습니다. 그런 점에서 롤스 선생의 논리는 아우구스티누스의 발상에서 한 발짝도 벗어나지 못하고 있습니다.

아우구스티누스는 정의라는 가치를 법 공동체와 강도 집단을 구분하기 위한 기준으로 삼았습니다. 그는 《신국론(神國論)》에서 "정의롭지 못한 부자들이라면 대규모 강도 집단과 다를 게 무엇인가? 강도 집단은 소수의 부자들과 다른 무엇인가?"라고 말합니다. 그에게 법 공동체인 국가는 정의 없이는 존재할 수 없는 것으로 여겨집니다. 그는 "진정한 정의가 존재하지 않는 곳에서는 법이 존재할 수 없다. 법에 따라 행해지는 것은 사실상 정의롭게 행해지는 것이다. 따라서 정의롭지 못한 것이 법에 따라 행해질 수는 없다."라고 단언합니다. 이어서 그는 법의 성립 근거가 되는 정의의 핵심 내용에 대해 "정의란 각자에게 그의 몫을 주는 미덕이다. 인간을 신실한 신으로부터 빼앗아 타락한 악마에게 복종하게 하는 인간의 정의가 이제 어떻게 수립될 것인가? 이것을 각자에게 그의 몫을 주는 것이라 할 수 있는가? 또는 매도인으로부터 토지를 몰수하여 토지에 대해 아무런 권리도 없는 자에게 넘겨주는 자는 정의로운 자인가? 자신을 창조한 지배자로부터 스스로 벗어나 악마에게 자신을 기여할 수 있도록 하는 자는 정의로운 자인가?"라고 말하죠.

아우구스티누스의 논리에 따를 경우 법은 정의로운 강제질서이며 따라서 그 내용의 정의로움 때문에 법은 강도 집단의 강제질서와 구별됩니다. 롤스 선생의 논리도 이와 흡사해 보입니다. 정의의 핵심 내용을 무엇으로 볼 것인지에 대해서는 다소 차이가 있겠지만 적어도 정의를 중심으로 법을 설명하려는 발상법은 완전히 일치해요.

하지만 정의라는 가치는 결코 법 개념의 요소로 제시될 수 없습니다. 정의라는 가치가 법 공동체와 강도 집단을 구별하기 위한 기준일 수도 없습니다. 왜 그럴까요? 조금만 생각해봐도 정의와 법은 별개의 문제라는 것이 분명해집니다. 정의가 법을 다른 강제질서와 구분시켜주는 표지가 될 수 없다는 것은 공동체 질서의 정의로움에 대한 가치판단이 상대적이라는 사실에서 명백하게 나타납니다. 정의로운지, 아닌지는 전적으로 가치판단의 영역에 속하는 문제입니다. 그런데 무엇이 옳고 그른지는 개인에 따라 혹은 집단에 따라 매우 상대적입니다. 어느 하나가 옳고 다른 것은 그르다고 판단할 수 있는 문제가 인간 사회에서 과연 얼마나 되겠습니까? 이렇게 지극히 상대적일 수밖에 없는 정의 가치를 중심으로 법의 문제를 설명하는 것은 금방 허물어질 모래 위에 고층 건물을 짓는 행위와 다를 바가 없습니다.

롤스 | 법이 정의와 별개의 문제라고요? 법이 정의에 기초하지 않으면 그것을 진정한 법이라 할 수 있을까요? 또 공통의 기준으로 작용

할 수 있는 정의란 존재하지 않는다는 선생의 단정은 지나치게 성급한 것이 아닐까요? 인류 역사를 돌이켜보더라도 선생의 주장에는 문제가 많습니다. 입헌 민주 체제가 성립할 때 헌법의 기초를 어디에서 구했나요? 신(神)과 신분에 의한 질서라고 할 수 있는 서양의 중세가 시민혁명에 의해 역사적인 막을 내리고 새로운 사회 체제, 즉 입헌적인 민주 체제를 형성해나갔을 때 헌법의 기초는 무엇이 정의로운 것인지에 대한 판단을 토대로 한 것으로 봐야 합니다. 그 헌법은 인간 외부의 존재라든가 질서에 의존해서 일방적으로 주어진 것이 아니라 인간 스스로의 판단과 결정에 의해 만들어진 것이잖아요. 이때 법의 정당성은 외부가 아닌 법의 내용 자체에서 구해져야 하는 것 아닌가요? 법의 내용이란 당연히 정의에 대한 이해와 긴밀한 연관을 지닐 수밖에 없는 것이고요.

박쌤 | 많은 사람들이 일반적으로 법이 정의에 기초해야 한다고 생각합니다. 이는 서양뿐만 아니라 동양에서도 아주 오래 지속되어, 사람들의 머릿속에 뿌리내린 생각일 텐데요. 그런 점에서 롤스 선생의 반론은 상식에 기초한 것이라고 할 수 있습니다. 그렇기 때문에 켈젠 선생의 주장이 매우 낯설게 들릴 수도 있을 것 같은데요. 이는 또한 선생의 논리에 대해 자주 제기되는 비판이기도 하고요.

켈젠 선생의 논리에 제기될 수 있는 비판을 두 가지로 나누어볼 수 있을 것 같습니다. 첫째로, 당위와 존재의 관계 문제입니다. 선생은 당위와 존재의 문제를 전혀 별개의 두 영역으로 구별하는 것 같습니다. 그리고 이에 대해, 즉 인간에게 올바른 것은 무엇이며 어떻게 해야 하는지의 문제와 현실이 어떠한지를 분리시켜버리는 이런 발상에 대해 자주 비판이 제기됩니다. 둘째로, 법적 가치에 대한 합의 문제입니다. 선생은 가치판단을 상대적인 것, 합의할 수 없는 것으로 보기 때문에 법적인 가치를 성립할 수 없는 것으로 여기는 경향이 있는 것 같거든요. 그 때문에 법적 가치에 대한 합의적 논의를 포기하는 게 아닌가 하는 비판도 많습니다. 자, 이에 대한 켈젠 선생의 충분한 설명이 필요할 것 같습니다.

켈젠 | 앞에서 제가 언급한 아우구스티누스의 예를 들어 설명하지요. 아우구스티누스는 각자에게 그의 몫을 주는 질서만을 정의로운 것으로서 그 효력을 인정하려 했습니다. 또한 그와 같이 막연하기 짝이 없는 공식을 적용할 때 그러한 질서는 그가 생각하는 참된 신에게만 귀속될 수 있는 것이지요. 이러한 요청에 합치되지 않는 질서는 결코 법이나 국가가 될 수 없고 단순히 강도 집단에 지나지 않는 것으로 여겼습니다. 하지만 생각해보세요. 그에게 신은 유대 · 기독교의 신이지 로마의 신들은 아니었죠. 또한 각자에게 자신의 몫을 주는 것이 정의라는 규정은 그에게 해당하는 것이지 로마에 해당되는 것은 아니었고요. 이러한 논리에 따른다면 로마 법은 법으로서의 성격을 인정받지 못하는 우스운 결과를 초래합니다.

　이게 단순히 옛날 얘기로만 치부될 수는 없어요. 현대사를 돌아봐도 마찬가지입니다. 20세기는 자본주의와 사회주의라는 서로 다른 정의관을 가진 체제가 공존하는 시대였습니다. 롤스 선생처럼 정의를 법이라 불리는 규범질서의 기준으로 간주한다면, 서구의 자본주의적 강제질서는 공산주의적 정의의 관점에서 볼 때 법이 될 수 없고, 거꾸로 소련의 공산주의적 강제질서는 자본주의적 정의의 관점에서 볼 때 결코 법이 될 수 없습니다. 서로가 서로에 대해 법적인 정당성이 없는 강제질서, 그런 의미에서 강도 집단과 구별할 수 없는 강제질서로 규정하게 됩니다. 이 얼마나 어처구니없는 결과이고 오만한 태도입니까?

실제로 18세기 말 프랑스 혁명과 20세기 초 러시아 혁명이 성공한 이후 다른 국가들에서는 혁명을 통해 창설된 강제질서를 법질서로 간주하지 않고, 혁명으로 권력을 쟁취한 혁명정부의 행위를 법적 행위로 해석하지 않으려는 경향이 뚜렷하게 나타난 바 있죠. 프랑스 혁명의 경우에는 군주제적 정당성 원리를 침해한다는 것이 그 이유였고, 러시아 혁명의 경우에는 생산수단에 대한 사적 소유를 철폐한다는 것이 그 이유였습니다. 심지어 러시아 혁명과 관련해서 처음에 미합중국의 법원들은 사적 소유라는 정의를 어겼다는 논리에 근거하여 혁명에 의해 수립된 러시아 정부의 행위를 법적 행위로 승인하지 않기도 했습니다. 러시아 정부의 행위는 국가의 행위가 아니라 강도 집단의 행위라는 것이 그 이유였지요. 그러나 혁명에 의해 수립된 강제질서가 지속적으로 실효성 있는 것으로 입증되자마자 그 질서는 법질서로 승인되었고 그를 통해 구성된 공동체의 정부는 국가의 정부로, 그들의 행위는 국가의 행위로, 따라서 법적 행위로 승인되었습니다.

정의라는 가치에 기초한 법 개념은 필연적으로 이와 같은 황당한 상황을 만들어냅니다. 이렇게 되면 법이라는 것이 특정한 견해를 가지고 있는 집단이나 개인의 정치적, 종교적 수단에 불과해집니다. 이런 법 개념은 정당화될 수 없습니다. 도무지 실증적이지 않은, 법 외부의 심리적이고 가변적인 관념에 법을 맡겨버리는 논리는 법을 무력화하는 역할을 할 뿐입니다. 그렇기 때문에 가치판단과 구별할 수 없는 법 개념에 기초하여 이루어지는 시민 불복종 정당화 논리도 성립할 수 없는 것이고요.

물론 어떤 법에 대해서 개인이나 집단이 그 법이 일정한 정의 규범의 관점에서 정의롭지 못하다는 판단을 할 수는 있습니다. 그렇게 판단하는 것 자체를 누가 막을 수 있겠습니까? 하지만 그렇게 자유롭게 판단하는 것과, 그러므로 그 법은 법으로서 성립할 수 없다고 규정하는 것은 전혀 별개의 문제입니다. 법이 법으로서 성립할 수 있는 것은 외부의 가치판단이 아니라 법의 존재 그 자체라고 봐야 합니다.

> 정의는 가치판단의 문제입니다. 따라서 정의라는 가치에 기초하여 법 개념을 세우는 것은 말이 안 되죠. 그리고 법이 정의로우냐는 법이 법으로서 성립하는 것과는 별개의 문제입니다.

롤스 | 하긴 선생 이야기처럼 시민 불복종에 대한 제 입장에 대해서 정의감에 지나치게 의존한다는 반론이 자주 제기됩니다. 사람에 따라서 정의에 대해 서로 다른 규정을 내리기도 하니까요. 정치적인 입장이나 종교적인 태도에 따라서 다르게 접근하기도 하죠. 또 사회적으로 부를 축적한 정도나 권력을 가진 정도에 따라 같은 문제에 대해 서로 상반된 태도를 취하기도 합니다.

하지만 선생은 가치판단의 상대적인 성격만 강조했지, 그것의 합의 가능성에 대해서는 전혀 인정하지 않는 것 같아요. 법의 존립 근거가 되는 공통된 정의감은 실재할 수 있습니다. 사회계약 이론이 성립할 수 있는 것도 공통된 정의관을 합의할 수 있다는 가능성 때문이지요. 이게 아니라면 사회계약 이론은 완전한 허구에 지나지 않게 될 테니까요. 선생은 현실의 복잡한 이해관계 위에서 어떻게 합의가 가능하겠느냐는 생각을 하기 때문에 자꾸 부정적인 결론을 내리는 것입니다.

물론 이미 권력과 부의 격차가 극도로 벌어져 있는 현실에서 공통된 합의를 이끌어내는 것은 어렵겠죠. 그렇기 때문에 정의의 원칙을 가정적 합의의 결과로서 이해하는 것이 필요합니다. 자유롭고 합리적인 인간들이 평등한 자유를 갖고 있는 상황을 가정하고, 이 상황에서 합의하게 될 원칙을 정하는 것이죠. 이렇게 사회 구성원 모두가 동등한 힘과 권리를 갖는 상황에서 결탁 등과 같은 일을 배제하고 합의를 통해 만들 것이라고 예상할 수 있는 정의관이라면 공통된 정의로서 법의 기준 역할을 할 수 있을 것입니다. 이를 기준으로 하여 법의 정당성 여부를 판단할 수 있고요.

이러한 가정적 상황에서는 권리와 의무를 할당하고 분배의 몫을 규제해줄 다음과 같은 두 가지 원칙에 대한 합의가 이루어질 수 있을 것입니다. 첫째, 모든 사람은 각자에게 허용된 동일한 종류의 자유와 양립할 수 있는 최대한의 자유에 대한 동등한 권한을 갖는다는 것입니다. 둘째, 사회적, 경제적 불평등은 모든 이에게 이득이 되고 모든 이에게 직책과 직위가 개방될 수 있게끔 배정되어야 한다는 것입니다. 만약 계약에 참여하는 모든 구성원이 자유롭고 동등하며 어떠한 외적인 강제도 없다면 이러한 두 가지 원칙에 합의할 수 있을 것입니다. 이렇게 공통된 정의관은 도출 가능합니다.

물론 구체적인 실행과 적용에 들어가면 어떤 상황에서 특정한 인간이 그러한 원칙을 위반할 마음을 먹을 수도 있습니다. 이때는 정의의 원칙이 전체에 힘을 발휘할 것입니다. 왜냐하면 그 원칙은 대다수의 사람들에게 자유로운 인간들 간의 협동체를 유지하기 위한 필수 조건으로 보이기 때문이죠. 그러므로 이 원칙이 훼손되는 것을 바라지 않을 것이며, 그리고 아마도 민주 사회의 시민들은 정의가 구현되는 것을 지켜보고자 할 것이기 때문에 위반 행위에 대해 강제 수단을 통해 제재를 가하는 것에 흔쾌하게 동의하게 됩니다.

법이란 바로 이러한 원리로 수립되는 강제규범이라고 봐야 합니다. 법의 정당성은 공통된 정의관에 기초하고 있기 때문에 성립할 수 있습니다. 그렇기 때문에 법을 통한 강제력도 정당성을 획득할 수 있는 것이고요. 그런데 만약 공통된 정의관을 심각하게 훼손하는 법이 만들어질 경우 그 법은 법적 정당성이 약화되며 시민 불복종의 대상이 되는 것이지요.

켈젠 선생의 논리대로라면 법의 강제력과 조폭들의 강제력이 본질적으로 같은 게 되어버립니다. 즉 강제력의 내용을 문제 삼지 않고 그 형식만을 기준으로 한다면 조직된 강제력이라는 점에서 법이나 조직폭력배의 강제력에 아무런 차이도 없을 테니까요.

켈젠 | 롤스 선생이 나름대로 공통된 정의의 원칙을 제시했는데요. 하지만 그것조차도 롤스 선생의 정의관 아닙니까? 현실적으로 이미 다른 정의관을 제기하는 사람들이 많이 있잖아요. 앞서 정의론에 관한 '히스토리아 대논쟁'에서도 이미 롤스 선생과 노직 선생이 서로 다른 정의관을 내세우며 치열한 논쟁을 한 것으로 알고 있는데요. 선생처럼 분배적인 정의관을 강조하는 사람들이 있는가 하면 노직처럼 소유권적 정의관을 강조하는 사람들도 있잖아요. 그것만으로도 공통된 정의관이 존재할 수 있다는 선생의 논리는 설득력이 부족한 것 같습니다.

롤스 선생의 주장은 논리적으로도 결함이 많습니다. 선생은 법의 내용을 구성할 때의 동기와 법 자체를 혼동하고 있는 것 같습니다. 이 두 가지를 동일시해서는 안 됩니다. 법을 만드는 사람들이 좋은 의도를 가지고 모든 사회 구성원에게 이익이 되는 법을 만드는 것은 바람직한 일입니다. 하지만 이것은 법이 발생하는 과정상의 문제입니다. 법이 발생하는 과정에서 생기는 동기의 문제와 현실에서 이미 발생한 법을 적용하는 과정에서 생기는 문제를 혼동해서는 안 됩니다. 법에 대한 이해는 존재하는 법을 적용하는 과정에서 생기는 것이어야 합니다. 선생이 주장하는 시민 불복종도 마찬가지 아닙니까? 시민 불복종은 존재하는 법을 대상으로 하는 것이지, 있지도 않은 어떤 법률이나 명령을 대상으로 하는 것이 아니잖아요.

롤스 선생이 말한 강제력에 대한 것만 해도 그래요. 강제력이라는 면에만 국한해서 본다면 굳이 조직폭력집단의 강제력과 국가의 강제력을 구분해야 할 이유가 무엇이죠? 아니 그럼, 어떤 폭력집단이 국가를 실효적으로 지배하고 있을 때 이를 국가로 인정하지 않을 건가요? 어느 국가의 권력이나 법이 정당하지 않다고 다른 국가가 침략하는 것이 정당화될 수 있나요? 권력의 주체가 누구이든 국가를 실효적으로 지배하고 있다면 그들의 규범을 바로 법이라고 봐야 합니다. 그 법이 좋은 법인가 나쁜 법인가의 문제는 별도의 영역에 해당하는 것입니다. 이러한 질문은 법적인 질문이 아니라 정치적인 질문이지요. 법은 정치적 편견 없이 실증주의적인 방법으로 순수하게 접근해야 합니다. 어떤 행위에 대한 법적 정당성은 법 내부에 의해 규정되어야지 법 외부의 정치적, 이데올로기적인 가치판단에 근거해서는 안 됩니다.

이것은 국가가 대외적으로 범죄 활동을 전개하더라도 마찬가지입니다. 예컨대 16세기에서 19세기 초에 걸쳐 선박을 동원한 해적 행위를 통해 지중해를 불안하게 한 아프리카 북서해안의 이른바 해적국가들을 생각해보세요. 이들은 타국의 선박에 대해 국제법에 위배되는 폭력을 행사하였다는 점과 관련해서만 '해적'으로서의 성격을 가진다고 봐야 합니다. 만약 그렇지 않고 가치판단에 의해 그 성격이 좌우된다면, 자유무역이라는 것도 본질적으로는 강대국이 약소국에 가하는 수탈의 일환이라는 가치판단을 근거로, 선진 자본주의 국가의 무역 행위도 일종의 해적 행위로 규정할 수 있게요?

저는 시민 불복종에 대해서도 동일하게 접근하고 있는 것입니다. 시민 불복종 행위를 하는 사람들이 자신의 주장을 펼치는 것 자체를 누가 말리겠습니까? 제가 말하고자 하는 것은 단지 도덕이나 사회 여론만으로 자신들의 정당성을 말하지 말고, 법 체계 내에서, 법 규범에 근거하여 정당성을 말하라는 것입니다. 그리고 법은 어찌됐든 좋다는 식의 불복종 운동이 아니라, 법 체계 내에서 자신들의 정당성을 입증 받도록, 즉 자신들의 주장이 법적 형식을 얻을 수 있도록 노력해야 한다는 것입니다. 가령 법에 문제가 있다면 시민 불복종이라는 형식이 아니라 위헌법률심판제도나 헌법소원제도 등을 활용해서 자신의 주장을 관철시켜라 이겁니다.

박쌤 ┃ 켈젠 선생은 법이 정의라는 가치나 이데올로기에 의존했을 때 생길 수 있는 문제를 롤스 선생에게 지속적으로 지적하고 있습니다. 켈젠 선생이 대표하는 '순수법학'도 법이 법 외적인 요소, 예컨대 정치, 도덕, 사회적 관행 등에 의하여 침해받지 않도록 한다는 의미에서 '순수'라는 말을 사용하는 것으로 알고 있습니다. 그런 점에서 법의 당위적 측면보다는 법의 존재적 측면에 관심을 기울였다고 할 수 있겠죠. 켈젠 선생의 입장에서는 법이 정치나 도덕적 가치판단, 이데올로기 등에 의해 휘둘리도록 만드는 장본인 중의 하나로 롤스 선생을 지목하고 있을 것 같은데요. 이에 대한 롤스 선생의 견해는 어떠한지요?

롤스 ┃ 법과 이데올로기의 관계라…. 어떤 면에서는 저에게 해당되는 문제이고 어떤 면에서는 저와 무관한 지적이라고 생각해요. 정의의 원칙에 입각하여 법에 접근한다는 점에서는 저에게 해당되겠지요. 하지만 제가 법을 이데올로기의 산물 정도로 바라보는 것으로 생각하시는 건 곤란합니다.

제가 말씀드리는 정의관은 막연하게 특정한 도덕 관념이나 이데올로기를 대변하는 것이 아닙니다. 제 주장이 절차적인 측면에서의 정의를 말하는 것이지 내용 자체에 대한 것을 말하는 것이 아니라는 점을 잘 생각해야 합니다. 그런 점에서 절차적인 정의와 공정성을 강조하고 있는 것이지요. 앞에서 제시한 공통된 정의관도 모두가 자유롭고 동등한 입장에서 합의를 통해 이끌어낸다는 전제하에서 규정되는 것이고요. 이러한 합의 절차 자체를 이데올로기나 특정한 도덕 관념이라고 왜곡할 수는 없지요.

박쌤 ┃ 네, 그럼 이번에는 켈젠 선생에게 질문을 하고 싶은데요. 롤스 선생은 계속 법이 정의의 문제와 분리되었을 때 나타날 수 있는 문제를 지적하고 있습니다. 켈젠 선생, 선생의 주장대로라면 그럼 법이 정의롭지 못하더라도 법이기 때문에 지켜야 하는 건가요?

선생의 논리는 우리가 일상적으로 접하는 법 집행 담당자의 권위적인 태도와 상당히 유사합니다. 예를 들어 신호 위반 장면이 교통단속카메라에 찍힌 것을 근거로 어떤 사람이 벌금 통지서를 받았다고 가정해봅시다. 그런데 신호등이 막 노란색으로 바뀌는 시점과 겹쳐서 위반 여부가 애매한 상황이었고, 그래서 억울하다고 생각한 이 사람이 해당 기관의 담당자를 찾아가서 따졌다고 합시다. 이런 상황에서 벌금 처벌을 내린 근거에 대해 꼬치꼬치 따져 물었을 때, 보통 돌아오는 답은 한결같을 것입니다. "나는 법대로 집행했을 뿐이다. 나에게 따지지 마라." 뭐 대충 이런 식 아니겠습니까? 적용된 그 법의 결함에 대해서 재차 따지면 "그것은 상위법에서 그렇게 규정하고 있다."는 얘기를 들을 게 뻔하고요. 하여튼 법대로 했으니 효력이 있는 조치이고 당신은 그대로 지켜야 한다는 태도로 일관할 것입니다.

교통법규에 대한 예를 들었는데, 이런 상황은 여기에 국한되는 것이 아니라 법 일반에 대해서 공통적으로 예상할 수 있을 것입니다. 그런데 이렇게 '법대로' 논리, 지극히 형식적인 논리가 일방통행 식으로 적용된다면 개인은 무력해질 수밖에 없는 것 아닌가요? 법을 바꾸면 되지 않느냐고 하지만 법을 바꾸는 게 그렇게 쉬운 일이 아니라는 것은 누구나 알지 않습니까? 또 헌법에 기본권과 자유권이라는 게 있지만 막연하고 추상적인 경우가 대부분이어서 실제로 개인에게 직접적인 영향을 미치는 것은 법률이라고 할 수 있는데, 법에 있으니까 효력이 있다는 논리로 일관하면 헌법에 기본권과 자유권을 규정하고 있는 것도 현실에서는 아무런 쓸모가 없는 것 아닌가요?

켈젠 ㅣ 현실에서 얼마든지 악법이 있을 수 있습니다. 제가 그러한 악법을 무조건 인정하자는 것도 아니고요. 저 역시 악법이 싫습니다. 저는 다만 법의 고유성, 자율성을 훼손해서는 안 된다는 점을 강조하는 것입니다. 앞에서도 말했지만 제가 주장하는 것은 악법을 처리하는 방식입니다. 시민 불복종과 같은 법 외부적인 방식으로 법을 무효화하는 것이 아니라 악법도 법적인 체계 안에서, 법적 기준으로 다루어져야 한다는 점을 강조한다는 말입니다.

만약 하위법이 상위법에 어긋나면 그것은 무효라고 할 수 있겠죠. 중요한 것은 상위법에 의하여 무효라는 판정이 있기 전까지 아무도 그 법을 공식적으로 무효라고 말할 수 없다는 것입니다. 하지만 시민 불복종은 이렇게 법적인 체제 내부의 절차에 의한 것이 아니라 압력을 통해 무효화하고자 하는 것이잖아요. 그건 아니라는 거지요. 반드시 상위법에 호소해서 자신들의 주장을 법적으로 인정받아야 하는 것입니다. 앞에서 제가 위헌법률심판제도 등을 거론한 것도 이 때문입니다. 최종적인 상위법, 근본적인 규범에 해당하는 것이 헌법이니까요. 결국 최종적으로는 그 법률이 헌법에 합치하지 않는다는 점을 법적으로 증명해야 하는 것이죠. 헌법이라는 근본 규범을 정점으로 하여 법적인 체제 내에서 문제를 해결하는 것이 핵심입니다.

또 박쌤이 헌법에 규정된 기본권과 자유권에 대해 말했는데요. 그러한 기본권은 법 앞의 평등, 재산권의 자유, 신체의 자유, 의사표현의 자유, 양심의 자유, 집회·결사의 자유와 같은 권리가 법률을 통해 침해받지 않아야 의미가 있습니다. 하지만 이 헌법 규정은 이에 위반될 가능성이 있는 어떠한 법도 만들어서는 안 된다는 적극적인 의미가 아니라 헌법에 규정된 기본권에 합치되지 않는 법률을 무효로 할 수 있는 절차를 규정한 것으로 이해해야 합니다. 즉 위헌 판결이라는 절차로서, 소극적인 규정이죠. 이것을 넘어서 헌법의 기본권과 자유권에 대한 이해가 어떤 것이 진정한 자유이고 평등인가의 문제로 나아간다면 이는 법적인 차원의 문제가 아니라 정치적인 차원의 문제라고 봐야 하는 것이고요.

롤스 | 선생은 정의의 가치는 상대적일 수밖에 없다는 논리를 펴면서 왜 같은 논리를 자신에게는 사용하지 않는지요? 선생은 헌법이 최종적이고 근본적인 규범이고 오직 상위법을 통해서만 법률이나 혹은 법적인 지위를 갖는 명령 같은 것들의 효력이 중지될 수 있다고 합니다. 하지만 과연 무엇이 옳은지를 결정지어줄, 절대로 빈틈없는 어떤 절차가 있을 수 있는 건가요? 선생이 말하는 상대성은 어떤 가치의 내용만이 아니라 절차에 대해서도 동일하게 적용되어야하는 것 아닌가요? 선생 논리의 가장 큰 오류는 여기에 있습니다.

선생은 근본 규범으로서의 헌법에 대해 말했는데, 우리의 체제내에서 최고 재판소, 국회 그리고 대통령도 헌법에 대해서 서로 대립되는 해석을 제시하는 경우가 비일비재하잖아요. 또 헌법재판소가 어떤 특정 문제를 해결할 때 최종적인 발언권을 갖고 있기는 하나 헌법재판소 역시 강력한 정치적 영향력의 지배를 받기에 국가의법 해석에 변화가 초래되기도 합니다. 헌법재판소의 재판관들이 초자연적인 존재, 절대적인 존재가 아닌 한 정치적인 영향을 받는 것은 불가피하다고 봐야 합니다. 그러므로 상위법에 의해 하위법을 무효화할 수 있다는 절차, 법적인 체계 내부의 절차라는 것도 절대적인 것이 아니라 상대적인 의미를 갖는 것으로 이해해야 한다는 것이죠. 그러니까 헌법재판소는 단지 자신의 존재 자체로, 혹은 판결을 내리는 것으로 역할을 끝내는 것이 아니라 자신의 입장의 타당성을 이성과 논증에 의해 제시하여야 합니다. 헌법에 대한 그 입장이 지속되기 위해서는 그 타당성을 사람들에게 납득시켜야만 하는 것이죠.

그런데 만약 상위법도, 국가도 그 법의 정당성을 사회 구성원들에게 납득시키지 못할 때는 어떻게 해야 하죠? 어떤 법의 정당성에 대해 도덕적으로 구속력을 갖는 합법적 해석이란 있을 수 없으며 최고 재판부나 입법부조차도 절대적인 해석을 제시할 수는 없습니다. 민주 사회에서 우리는 그러한 원칙에 대한 자신의 이해력에 의거하여 법을 해석할 수밖에 없습니다. 그럼 점에서 개인이 호소할 수 있는 최후의 법정은 재판소나 국회 혹은 대통령이 아니며 투표인단 전체, 즉 사회 구성원 전체입니다. 시민 불복종은 결국 투표인단 전체에 호소하는 행위로서 정당성을 지니는 것이죠. 하지만 켈젠 선생의 논리대로라면 헌법재판소의 판결이 나오는 순간 우리는 아무것도 할 수 없게 됩니다.

박쌤 ㅣ 위헌 여부를 가리는 것은 그렇다고 하더라도, 헌법의 어떤 조항 자체가 정당성 때문에 논란의 대상이 되거나 헌법 조항에 문제가 있을 때는 어떻게 해야 하나요?

켈젠 ㅣ 해당 헌법 조항이 헌법을 제정하거나 개정하는 데 필요한, 법적으로 정해진 절차에 따라서 바뀔 때까지는 준수되어야겠죠.

박쌤 | 그러면 롤스 선생이 제기한 문제를 적용해 볼 때, 헌법 개정 절차 자체가 정당하지 않다면, 혹은 그러한 논란이 있다면 그때는 어떻게 해야 하죠? 예를 들어 헌법 개정안이 발의되기 위해서는 보통 국회의원 3분의 2 이상의 동의가 있어야 하는데, 상식적으로 현대 정치 상황이나 조건을 고려할 때 이 정도의 동의를 이끌어내는 것은 거의 불가능에 가깝잖아요. 이를 근거로 헌법 개정을 사실상 봉쇄한 것이 아니냐는 문제를 제기할 수도 있을 텐데요. 이에 대한 법적인 체계 내부에서의 판단은 어떻게 가능하죠?

켈젠 | 어쨌든 거기에 대해 법이 할 수 있는 대답은 한정될 수밖에 없습니다. 현재로서는 헌법이 규정하는 틀을 벗어날 방법은 없죠.

박쌤 | 그에 대해서는 헌법을 초역사화, 신비화하고 있다는 비판이 바로 제기될 것 같습니다. 그 문제는 이만 논의를 정리하고, 국가와 법의 관계에 대해 논의하는 게 어떨까 싶습니다. 켈젠 선생은 국가와 법의 동일성을 주장하는 것으로 잘 알려져 있습니다. 이 문제도 시민 불복종에 대한 논의와 관련하여 주요 쟁점이 될 수 있을 텐데요. 먼저 이에 대한 켈젠 선생의 견해를 들려주었으면 합니다.

켈젠 | 국가를 사회적 공동체로 파악할 경우 이 공동체는 규범질서를 통해서만 구성될 수 있습니다. 원시 사회라 할지라도 일정한 규범이 있어야 사회 공동체가 성립할 수 있겠죠. 우리 현실에서 그러한 규범질서는 당연히 법이라고 할 수 있습니다. 그런 점에서 국가

는 법과 일치한다고 볼 수 있습니다. 국민이란 한 국가에 소속된 사람들을 의미합니다. 만약 어떤 사람이 왜 타인과 더불어 일정한 국가에 속하는가를 묻는다면 그가 타인과 더불어 상대적으로 집중화된 일정한 강제질서, 즉 법에 복종하기 때문이라는 이유 외에는 달리 이유를 찾을 수 없습니다.

인간 사회에서 국가의 구성요소는 참으로 다양합니다. 특히 국가는 다민족으로 이루어진 경우가 대부분이기 때문에 서로 다른 인종과 언어, 문화가 섞여 있습니다. 또 서로 다른 이해관계를 갖고 있는 계층들이 갈등을 겪고, 정치적 입장이 상이한 집단이 충돌하기도 합니다. 이렇게 서로 다른 개인과 집단들을 하나의 통일체로 묶어주는 연결고리는 법밖에 없습니다. 이들을 특정한 가치나 정의관으로 묶어세운다는 것은 더더구나 불가능하지 않겠습니까. 국가는 오직 동일한 법질서가 국민에 대해 효력을 가지며, 국민의 행위가 동일한 법질서에 의해 규제될 때 성립할 수 있습니다. 그렇기 때문에 어떤 사람이 국가의 일원인지의 여부는 심리학적 문제나 문화적인 문제가 아니라 법적 문제이고, 국민이란 국가 법질서의 인적 적용 범위라고 할 수 있습니다.

그러므로 시민 불복종은 단지 법에 대한 혼란을 초래하는 데서 끝나는 것이 아닙니다. 국가와 법이 동전의 양면 같은 것이라고 할 때, 시민 불복종은 필연적으로 국가를 약화시키게 됩니다.

롤스 | 선생의 논리는 정의나 평화와 같은 가치를 배제하고 있다는 점만 다를 뿐 국가에 대해서는 상당 부분 홉스의 논리와 유사하군

요. 홉스는 《리바이어던》에서 "인간을 외적의 침입과 상호 간의 상해로부터 방어할 수 있는 국가를 수립하는 유일한 방법은 그들 모두의 권력과 힘을 하나의 인물 또는 한 집단에게 부여해서 그들 모두의 의사를 다수의 소리에 의해 단일한 의사로 만드는 것이다. (…) 그러한 범위 안에서 만인은 자신들의 의사를 그의 의사에, 그리고 자신들의 판단을 그의 판단에 복종시키는 것이다. 그것은 동의나 합의 이상의 것이며, 상호 간의 계약에 의해서 수립된 만인의 진정한 의견 통일이다. 그것은 마치 만인이 만인에게 '당신이 그 사람 혹은 합의체에 권리를 양도하고, 그의 모든 행동을 승인한다는 조건으로, 나도 그 사람 혹은 그 합의체에 나 스스로를 다스릴 권리를 양도한다.'라고 말하는 것과 같다."라고 합니다.

홉스가 단일한 계약을 통해 인격화된 주체인 군주를 설정하고 그 군주를 국가와 동일시했다는 점, 상호 간의 평화라는 가치를 지키기 위해 계약이 필요하다고 본 점에서는 켈젠 선생과 차이가 있습니다. 하지만 적어도 법과 국가를 계약을 통해 수립된 통일체로 바라보고, 개인이 자신을 지배할 권리를 법에 양도하고 여기에 복종할 것을 강조한다는 점에서는 상당히 일치하는 것 같습니다. 이렇게 법과 국가가 동일한 것으로 인식되는 순간, 법에 불복종하는 행위는 국가 자체에 대한 저항과 동일한 것으로 규정될 수밖에 없습니다. 아무리 부정의한 법이라 해도 말이죠. 이는 개인을 국가에 종속시키는 결과를 가져오고, 그러한 의미에서 국가주의적인 발상과 맞닿아 있는 사고라고 할 수 있습니다.

이에 대해서는 소로가 《시민의 불복종》에서 한 말로 반박을 대신할 수 있을 것 같습니다. "불의가 정부라는 기계의 필수불가결한 마찰의 일부분이라면 그냥 내버려두라. 모르긴 하지만 그 기계는 매끄럽게 닳아서 돌아갈 것이다. 그렇지 않더라도 결국에는 닳아 없어질 것이다. 그러나 그 불의가 당신으로 하여금 다른 사람에게 불의를 행하는 하수인이 되라고 요구한다면, 분명히 말하는데, 그 법을 어기라. 당신의 생명이 그 기계를 멈추는 반대의 마찰이 되게 하라. 당신이 해야 할 일은, 당신이 극력 비난하는 해악에 자신을 빌려주지 않는 것이다. (⋯) 국가가 개인을 더 커다란 독립된 힘으로 보고 국가의 권력과 권위는 이러한 개인의 힘에서 나온 것임을 인정하고, 이에 걸맞은 대접을 개인에게 해줄 때까지는 진정으로 자유롭고 개화된 국가는 나올 수 없다."

켈젠 ┃ 롤스 선생이나 소로 선생의 주장은 위험하기 짝이 없습니다. 법이 아니면, 그럼 무엇으로 수많은 갈등 요소를 하나의 국가 안에서 통합하고 유지할 수 있다는 얘깁니까? 선생은 자꾸 정의의 원칙을 얘기하지만 그러한 가치 자체가 오히려 개인과 집단 간의 이견과 갈등을 증폭시키는 역할을 하면 했지 통일적인 반응을 이끌어내지는 못할 것입니다. 더군다나 각자가 공적인 문제에 대해 정의의 이름으로 시민 불복종에 나설 때, 법의 핵심적인 요소라고 할 수 있는 법적 안정성이 파괴될 것은 불을 보듯 뻔합니다. 법의 안정성이 뿌리부터 흔들리는데 국가가 어떻게 유지될 수 있나요?

롤스 ┃ 제가 맨 처음에 전제한 정의를 상기할 필요가 있습니다. 시민 불복종은 어느 정도 정의로운 민주 체제에서 법률이나 정책 또는 명령이 정의의 원칙을 어겼을 경우에, 사회협동 체제의 조건들이 지켜지지 않고 있다는 것이 항거자의 확고한 신념임을 경고하기 위해 다수자의 정의감에 호소하는 정치적 행위라고 규정한 것 말입니다. 시민 불복종은 법 전체에 대한 것도 아니고 민주 체제가 수립된 사회에서 부분적으로 정의롭지 못한 법이나 제도에 저항하는 것, 그것도 비폭력적으로 저항하는 것을 의미하기 때문에 선생이 걱정하듯이 국가나 사회 전체의 혼란을 일으키는 것은 아닙니다.

또 정치적 정의관과 그것이 요구하는 바에 대해서 충분히 효력을 갖는 합의가 되어 있는 한 무정부 상태가 될 위험은 없습니다. 기본적인 정치적 자유가 허용되어 있고, 사람들이 사회질서 자체를 부정하는 것이 아닌 이상 그러한 합의에 도달하게 되리라는 것을 쉽게 예상할 수 있지요. 그러나 합당한 시민 불복종이 시민의 평화를 위협한다고 생각될 경우 그 책임은 저항하는 자들에게 있다기보다는 권력과 힘을 남용하여 그러한 반대를 정당하게 만든 자들에게 있다고 해야 할 것입니다.

박쌤 | 시민 불복종이 정당화될 수 있는지에 대해서도 상당한 쟁점이 형성되는군요. 나름대로는 꽤 여러 가지 측면에서 검토했는데요. 어떤 합의를 이끌어내기 위한 논쟁이 아니었던 만큼 이 문제에 대해 어떻게 서로 다른 논리가 성립할 수 있고, 또 어떤 근거가 제시될 수 있는지를 풍부하게 확인한 것만으로도 큰 의미가 있는 시간이었던 것 같습니다. 그럼, 시민 불복종의 정당성 문제에 대한 논쟁은 이쯤

에서 마무리하고, 이어서 시민 불복종이 허용될 수 있는 범위와 국가의 대응을 중심으로 논쟁을 이어가겠습니다.

앞에서도 말씀드렸듯이, 켈젠 선생과의 논쟁은 여기에서 매듭짓고 뒤의 논쟁은 피터 싱어 선생을 모시고 진행하겠습니다. 열띤 논쟁에 임해주신 켈젠 선생에게 다시 한 번 감사의 인사를 드리겠습니다.

시민 불복종 논쟁의 의미와 배경

시민 불복종이란 무엇인가

"누구의 소유물이 되기에는, 누구의 제2인자가 되기에는, 또 세계의 어느 왕국의 쓸 만한 하인이나 도구가 되기에는 나는 너무나도 고귀하게 태어났다."(셰익스피어, 《존 왕》 5막 2장)

개인과 국가의 관계는 어쩌면 인문·사회과학 전반에 걸쳐서 가장 핵심적인 주제라고 할 수 있다. 그만큼 개인과 국가가 어떤 관계를 맺어야 하는가의 문제는 학문의 전 영역에서, 여러 가지 측면에서 끊임없는 논쟁의 대상이 되어왔다. 이러한 주제에서 빠질 수 없는 것, 혹은 가장 극적인 표출이라 할 수 있는 것이 시민 불복종을 둘러싼 논쟁이다.

시민 불복종은 저항권의 문제와 상당히 밀접한 관계를 맺고 있다. 하지만 엄밀하게 구분을 하자면 저항권과 시민 불복종은 서로 다른 조건에서 생겨나고 강조점이나 원칙도 적지 않게 다르다. 저항권은 일반적으로 국가와 법이 국민 주권의 원칙을 부인하고 군사력과 같은 강제력에 의존하여 권력을 장악한 상황에서 나타난다. 국민의 기본권과 자유권이 전면적으로 부인되는 상황, 그리하여 정의에 대한 억압이 지속적으로 나타나는 상황에서 법과 국가권력에 대한 국민의 저항권이 자연법적 원리로 주창되었다. 실정법을 중심으로 한 법적인 해석과는 무관하게 저항권의 존재는 인류의 역사 속에서 살아 있는 힘으로 작용해왔다. 보통은 프랑스 대혁명을 비롯하여 수많은 혁명이 저항권 개념을 통해 사후적으로 정당화되었다.

시민 불복종은 이와는 다른 상황과 조건 속에서 논의된다. 기본적인 민주주의 절차가 보장되는 헌정 체제에서는 전면적인 저항으로서의 저항권이 아니라 부분적인 부정의에 대한 저항이 문제가 되는 경우가 많다. 민주주의가 보장된다 하더라도 다수에 의해 부정의한 법과 제도가 만들어질 가능성은 항상 존재하기 때문이다. 그렇기 때문에 민주화된 체제하에서도 부당하고 나쁜 법이 제정될 수 있으며, 단견적이고 인권을 침해하는 형태로 법을 집행할 수 있다. 이러한 상황에서 가장 적극적인 저항의 방법으로 시민 불복종이 제시된다.

시민 불복종 논쟁의 시작과 전개 과정

시민 불복종은 일반적으로 정부 또는 점령국의 요구·명령에 대하여, 폭력 등의 적극적인 저항 수단을 취하지 않고 복종하기를 거부하는 것을 의미한다. 주된 목적은 정부 또는 점령국으로부터 양보 또는 승인·용인을 획득하려는 것이다.

불복종에 대한 논의는 거슬러 올라가면 소크라테스의 법정 변론을 다룬 《소크라테스의 변명》에까지 도달한다. 대화편 《소크라테스의 변명》에서 사형 선고를 앞두고 자신의 행위를 최후 변론하면서 소크라테스는 설사 법원이 철학을 포기할 것을 조건으로 자신을 석방한다고 할지라도 이를 거부하겠다고 공개적으로 주장한다. 지혜를 사랑하고 덕을 추구하며, 이를 아테네 시민들에게 알리는 도덕철학적 활동은 신이 내린 명령이므로 "죽음을 두려워한 나머지 부정의한 일에 복종하는 일은 누구에게도 하지 않을 것이며, 복종하느니 차라리 죽음을 택하겠다."라고 단호하게 선언한다.

불복종의 이념은 서구 사상사에 많은 흔적을 남기고 있다. 키케로, 토마스 아퀴나스, 존 로크, 토머스 제퍼슨 등 고대부터 근대에 이르기까지 어떤 초인간적인 도덕률과의 조화를 통해 시민 불복종을 정당화하고자 하는 노력이 이어졌다. 특히 근대 시민혁명 이후 현대에 이르는 과정에서 시민 불복종에 대한 본격적인 논의가 활성화되었다. 불복종에 대한 관심과 논의를 불러일으킨 계기가 된 인물로 빼놓을 수 없는 사람이 데이비드 소로다. 그의 《시민의 불복종》은 현대 사회에서 시민 불복종에 대한 본격적 논의의 출발점을 이루며 또한 그의 불복종 행위는 세계의 많은 이들에게 실천적인 영감을 불러일으켰다.

소로는 "우리는 모두 인간이어야 하고, 그 다음에 국민이어야 한다."며 "법에 대한 존경심보다는 먼저 정의에 대한 존경심을 기르는 것이 바람직하다."라고 역설했다. 그러면서 그는 노예제도의 폐

지와 멕시코 전쟁의 중지를 호소
했다. 소로는 많은 사람들이 노예
제 폐지와 멕시코와의 전쟁 중지
라는 소신을 갖고 있으면서 주머
니에 손을 넣은 채 무엇을 해야
할지 모르겠다고 하는 것은 실제
로는 아무것도 하지 않는 것이라
고 지적했다. 따라서 "불의가 당
신으로 하여금 다른 사람에게 불
의의 하수인이 되라고 요구한다

소로

면 그 법을 어기라."라고 "당신의 생명이 그 기계를 멈추는 반대의
마찰이 되어라."라고 강조한다.

그는 자신의 생각을 실천에 옮겨 도망치는 노예를 캐나다로 갈
수 있도록 도와주었고 1846년 멕시코 전쟁에 반대해 세금을 납부하
지 않아 감옥에 수감되기도 했다. 소로의 《시민의 불복종》은 노예제
를 반대하며 다양한 방법으로 저항을 해온 퀘이커교도와 평화주의
자들의 영향을 받아 탄생했고 이들의 노고는 1830년대 노예제 폐지
론자들의 전술에 많은 영향을 미치기도 했다.

소로의 시민 불복종은 전 세계적으로 그리고 다양한 방식으로 영
향을 미쳤는데, 이를테면 한 국가 내에서 억압적인 통치에 저항하는
행위로서만이 아니라 식민지 지배에 대한 저항 운동에도 직접적인
영향을 주었다. 그 대표적인 것이 간디의 불복종 운동이었다. 간디
는 한 편지에서 다음과 같이 말했다.

"《시민의 불복종》은 나에게 커다란 영향을 미쳤다. 그래서 나는 남아프리카에서 내가 편집·발행하고 있던 〈인디언 오피니언〉지의 독자들을 위해 그 내용의 일부를 번역했으며 신문의 영문란에는 원문을 발췌하여 실었다. 그 에세이가 매우 확신에 차 있고 진실해 보였기 때문에 나는 소로에 관해 더 알기를 원했고 《월든》과 다른 에세이들을 접하여 큰 기쁨과 수확을 얻었다."

영국 식민 통치의 부도덕성을 전 세계에 알리고 대중적인 불복종 운동을 실천한 간디는 소로의 불복종을 새로운 면모로 탄생시켰다. 소로가 불복종 운동을 의로운 개인의 결단으로 시작했다면, 간디는 영국 식민 통치에 대한 저항을 인도 민중 다수의 불복종 저항 운동으로 발전시킨 것이다. 그 운동의 일환으로 1930년에는 소금세 신설에 반대하여 사티아그라하(진실에의 헌신) 운동을 시작했다. 이 운동은 영국 통치에 대한 간디의 불복종 운동 중 가장 성공적이었는데, 이 운동으로 투옥된 사람만 무려 6만 명이 넘었다.

간디에게 불복종이란 법을 초월하는 가치 체계이며, 불복종의 힘은 진리 추구에서 나온다. 간디는 법에 매몰되지 말고 끊임없이 진리를 추구하고 실천하라고 주문한다. 간디에게 악법이란 인간

간디 동상

이 마땅히 하지 말아야 할 것을 강요하거나 마땅히 할 것을 억지로 금하는 법이다. 그는 도덕과 정의의 원칙을 위반한 법을 구분해내야 하고, 필요한 경우 악법에 불복종하는 것은 '시민의 의무이자 권리'라고 주장했다.

킹 목사

불복종은 미국에서 흑인차별 철폐 운동의 일환으로 전개되기도 했다. 마틴 루서 킹은 항의할 권리가 있음을 알렸고 항의를 통해 사람들의 인식을 변화시키고 법을 바꾸고자 했다. 그는 두 번이나 감옥에 수감되고 협박, 폭파 등 일상적인 테러의 위협에 시달렸으나 불복종 저항을 고수했다. 또 그는 불복종 저항 운동의 한복판에서 끊임없이 대중과 소통했고 반차별 인식의 저변을 확산시켰으며 불복종 운동을 지지하는 사람들과 연대했다.

1960년대로 접어들면서 미국에서의 시민 불복종은 흑인의 인권 신장뿐만 아니라 베트남 전쟁 반대를 위한 운동으로까지 확산되어 나간다. 미국의 베트남 전쟁 반대 운동은 징집 거부로 대표될 수 있는데, 수많은 젊은이들이 베트남을 침공하기 위한 목적이라면 군인이 되기를 거부하겠다며 망명을 하거나 감옥에 갔다. 권투선수로 유명한 무함마드 알리도 불복종에 참여한 사람 중 하나였다. 베트남 전쟁이 벌어진 1960년대 말과 1970년대 초에 징집을 거부하고 격렬한 반전시위를 벌인 젊은이는 총 37만여 명에 이른다.

1968년 유럽에서도 불복종 운동은 들불처럼 번져나갔다. 프랑스의 경우 미국의 베트남 침공과 대학 기숙사에서의 성차별에 항의하기 위해 시작된 시위가 급속히 혁명적인 상황으로 발전했다. 대학생과 고등학생들은 학교를 폐쇄한 채 새로운 교육 양식을, 노동자들은 공장과 사무실을 점거하고 새로운 생산 양식을 요구했다. 거의 한 달 동안 일상 업무가 마비됐으며 천만 명에 달하는 노동자가 파업에 참여했고, 파리에서는 시민 수만 명이 경찰에 맞서 시위를 벌였다. 프랑스의 이 68운동을 기점으로 하여 불복종 운동은 이후 영국을 비롯한 유럽 각지로 번져나갔다.

현실에서 불복종 운동이 활성화되면서 이론적으로도 치열한 논쟁이 뒤를 이었다. 시민 불복종을 인정하는 입장을 취한 대표적인 사람으로는 앞서 언급한 소로나 간디 이외에도 롤스, 드워킨, 에리히 프롬, 하버마스 등을 들 수 있다. 이 가운데 롤스는 불복종 논쟁을 활성화하는 데 중요한 역할을 하여 그의 논의에 대한 찬성과 반대 입장에서 다양한 갈래의 불복종 논쟁이 전개되었다. 에리히 프롬은 자유의지를 지닌 존재인 인간에게 불복종은 자유의 한 부분으로 인정될 수밖에 없다고 주장한다. 외부의 권위에 대해 복종의 자유만 허용된다면, 그것은 이미 인간의 내면에서 나오는 자율의 실천이라는 자유라 이름 지을 수 없기 때문이라는 것이다. 그러므로 그는 인류의 파멸은 증오와 탐욕, 파괴적 행동에 개개인이 복종했기 때문에 생겨난 것이며, 불복종 의지를 행사함으로써 파멸을 막고 진전을 이룩해낼 수 있다고 강조한다.

시민 불복종에 대해 비판적인 입장을 취한 대표적인 사람으로는 로스토우나 왈드맨을 꼽을 수 있다. 이들의 비판은 대부분 불복종이 법률을 경시하는 풍조를 만들어낸다는 데 초점을 맞춘다. 불복종에 참여하는 사람들이 법에 의해 통치되는 공동체에서는 정당화될 수 없는 방법을 의도적으로 사용하여 법률을 경시함으로써 법이 무력화되는 현상이 발생한다는 것이다. 그런 점에서 불복종 운동은 사회 공동체를 유지하는 데 필수적인 법을 존중하는 태도를 약화시킨다고 주장한다. 특히 이들은 법을 개정하거나 제정하는 데 필요한 합법적인 절차나 언론의 자유 등 기본적인 자유가 보장된 상황에서 벌어지는 불복종은 정당화될 수 없다고 강조한다. 더 나아가서 많은 보수적인 사상가들은 불복종이 논리적으로 확장될 때 무정부주의로 나아갈 수 있음을 경고한다. 한편 더 근본적인 변혁을 주장하는 입장에서도 불복종 이론에 대한 비판을 제기한다. 이들은 주로 불복종 이론이 현존하는 정치 체제를 인정한다는 점에서 한계와 문제점이 많다고 지적한다.

시민 불복종 논쟁은 이론적인 차원에서만이 아니라 각 사회의 구체적인 조건, 갈등과 맞물리면서 실천적인 차원에서도 다양한 방식의 논쟁으로 나타나기도 하였다. 억압적인 사회 체제가 존재하는 모든 곳에서, 현실에서 발생하는 저항의 의미를 둘러싸고 정당성 문제 차원에서 논란이 생겼다.

VS.

시민 불복종은 어디까지 정당화될 수 있는가?

박쌤 | 앞에서 우리는 시민 불복종이 정당화될 수 있는지에 대한 논쟁을 펼쳤습니다. 이번에는 만약 시민 불복종이 정당하다고 가정한다면, 그 정당성이 어디까지 인정될 수 있는가의 문제를 가지고 논쟁을 이어가겠습니다. 그동안 롤스 선생의 시민 불복종 정당화 요건에 대해서는 여러 사상가들이 비판과 문제를 제기했죠. 오늘은 이에 대해 몇 가지 점에서 선명하게 반박을 하고 있는 피터 싱어 선생을 모시고 논쟁을 펴겠습니다. 한국의 독자들에게 《동물 해방》이나 《실천윤리학》 등의 저작을 통해 비교적 잘 알려져 있는 피터 싱어 선생은 시민 불복종 문제에 대해서도 뚜렷한 목소리를 내고 있는데요. 시민 불복종을 옹호하면서도 롤스 선생이 제시한 정당화 요건의 한

계에 대해서는 신랄한 비판을 전개했지요. 자, 그럼 롤스 선생이 먼저 어떤 경우에 시민 불복종이 정당화될 수 있는지에 대해 간략하게 정리해주시지요.

롤스 | 시민 불복종은 먼저 법률이나 명령이 평등한 자유의 원칙을 심각하게 위반하는 경우, 진정한 기회 균등의 원칙을 현저하게 위반하는 경우, 마지막으로 그러한 법률이나 명령에 대해 정부나 의회의 다수자에게 합법적으로 꾸준히 호소했지만 그것이 성공하지 못해 더 이상 합법적인 절차나 방법으로는 긍정적인 결과를 가져오지 못할 경우에 정당화될 수 있습니다. 이 경우에 사람들은 다수자의 정의감에 호소하여 자유로운 협동의 조건이 침해되었다는 것을 정당하게 알리기 위해 시민 불복종을 실행에 옮길 수 있지요.

싱어 | 롤스 선생의 기준에는 여러 가지 문제가 있지만 그중에서도 선생이 사회적으로 합의된 것이라고 여기는 정의관 자체의 문제점을 지적하며 변경을 요구하는 불복종을 제한한다는 점이 가장 큰 문제라고 지적할 수 있습니다. 선생의 논리는 이미 공유된 정의 원리에 호소한다는 점, 그렇기 때문에 정의관에 합치되는 사안의 경우에만 행위가 가능하다는 점에 기초하니까요. 그런데 공유된 정의관을 어길 경우에만 시민 불복종이 정당화된다고 제한해버리면, 그러한 정의관 자체에 문제가 있다고 생각해서 불복종 행위를 하고자 하는 사람들은 어떻게 해야 하나요? 선생이 규정하는 정의관이 부족하다거나 문제가 있다고 여기는 사람들이 있을 수 있잖아요? 그래서 그

정의관을 확대하거나 나아가서는 이를 넘어서고자 하는 행위를 하고자 할 때, 여기에 대해서는 불복종 이론이 적용될 수 없다는 결정적인 한계가 있어요.

롤스 | 제가 제시한 정의관이 그리 협소하지는 않을 텐데요. 평등한 자유의 원칙과 균등한 기회를 보장하는 직위 개방 원칙이라는 기준은 상당히 폭넓게 적용될 수 있지 않을까요? 저 역시 이러한 원칙에 충족되는지 여부를 가리기가 언제나 쉽지만은 않다고 생각해요. 애매한 경우나 논쟁이 생길 수 있는 여지가 있겠죠. 하지만 기준을 조금 자세히 들여다보면 선생이나 다른 사람들도 충분히 동의할 만한 내용일 겁니다. 기본적으로 이러한 정의관이 민주주의 사회에서 일반적으로 공유되는 가치, 즉 정치적·시민적 자유와 기회 균등 보장을 의미한다고 할 때 오해의 여지없이 비교적 명백하지 않을까요?

평등한 자유의 원칙이란 말 그대로 모든 사회 구성원이 자유를 평등하게 누려야 한다는 것이잖아요. 사회적인 이익, 전체의 요구라는 이름으로 개인의 자유를 훼손하려 해서는 안 된다는 의미이지요. 저는 이와 관련하여 《정의론》에서 "소수자의 노고가 더 큰 전체의 선(善)에 의해 보상된다는 이유로 어떤 제도를 정당화하는 일을 배제한다. 다른 사람의 번영을 위해서 일부가 손해를 입는다는 것은 편리할지는 모르나 정의롭지는 않다."라고 규정한 바 있습니다. 인류의 역사를 보면 사회 전체의 이익을 위해서 개인이나 소수의 권리를 줄이고 의무를 확대하는 방식으로 희생을 강요하는 경우가 많았잖아요. 전체주의 사회가 전형적인 사례라고 할 수 있겠죠. 만약 전체주의적인 발상을 한다면 모를까 상식적인 관점에서 이러한 정의관이 부정될 수 있을까요?

균등한 기회를 보장하는 직위 개방의 원칙도 마찬가지일 텐데요. 가난하거나 인종이 다르다는 이유로, 혹은 여성이라는 이유로 특정한 직위에 오를 수 없다고 제한하는 것은 정의에 반하지요. 예를 들어 소수자에게 투표에 참여할 권리와 공직을 맡을 권리가 제한될 경우, 어떤 종교 단체가 억압을 당할 경우, 어떤 자가 경제 활동을 하는데 균등한 기회가 주어지지 않는 경우는 대체로 분명하게 알 수 있으며 정의와 충돌한다는 점도 의심할 여지가 없잖아요. 사회 구성원에게 기회를 부여할 때 부나 인종, 성에 따른 차별을 금지하는 것은 정상적인 인식을 가진 사람이라면 누구나 동의할 수 있는 기준이 아닐까요?

박쌤 | 일반론 차원에서 논의를 하면 비슷한 얘기가 반복되고 두 분의 차이가 무엇인지 막연해질 가능성이 있습니다. 좀 더 구체적인 문제 제기와 논쟁이 필요할 것 같아요. 싱어 선생이 문제 제기를 하는 입장이니, 먼저 어떤 경우에 롤스 선생이 제시한 기준이 한계로 나타날 수 있는지 더 직접적으로 지적해주었으면 합니다.

싱어 | 좋습니다. 그렇게 하죠. 저는 기본적으로 롤스 선생이 말하는 평등한 자유나 기회 균등이라는 가치가 그렇게 명백하다고 말할 수 없다고 생각해요. 이미 선생이 말한 내용 가운데에서도 정의관 자체의 한계를 지적할 수 있는 경우가 얼마든지 있습니다. 예를 들어 선

생은 소수자에게 투표권이 주어지지 않을 경우 정의롭지 못하다고 했죠? 그러면 어린아이에게 투표권을 주지 않는 것은 평등한 자유를 침해하는 것인가요, 아닌가요? 대부분의 나라에서 18세를 기준으로 하여 그 이상 연령의 사람들에게 투표권을 부여합니다. 나라에 따라서는 17세로 규정한 경우도 있고 한국처럼 19세로 정하는 경우도 있지만, 어쨌거나 그보다 어린 사람들에게 투표권을 주지 않는 것은 어떻게 봐야 하나요?

선생이 말하는 평등한 자유는 지나치게 일반적인 얘기에만 머무르고 있기 때문에 실제 상황으로 들어가서 고찰하면 당장 이러한 문제가 생겨버립니다. 평등한 자유의 원칙을 말 그대로 적용하면 법으로 투표 연령을 제한하는 것은 정의롭지 못한 것이 될 텐데요. 그러면 여기에 대한 불복종도 성립할 수 있고요. 만약 그렇다면 선생이 실질적으로 생각하는 것보다 불복종의 범위가 훨씬 확대 적용되는 경우가 여기저기에서 발생하지 않을까요?

롤스 | 법적 선거 연령에 미달하는 사람들에게 투표권을 부여해야 한다는 요구를 내세워 시민 불복종 행위를 하는 것은 정당화되기 어렵겠지요. 제가 강조하는 평등한 자유나 기회 균등이라는 것이 무조건적이고 무제한적인 자유나 권리를 의미하는 것은 아닙니다. 투표권은 일종의 권리입니다. 권리는 당연히 의무를 동반하고요. 기본적으로 제가 말하는 정의관은 사회 구성원들의 합의를 통해 도달하는 것이라고 봐야 합니다. 그러므로 권리와 의무 문제에서도 구성원 모두가 동의할 수 있는 기준을 찾는 것이 중요합니다.

권리와 의무에 대해 구성원 모두가 동의할 수 있는 정의의 원칙은 무엇일까요? 당연히 권리와 의무가 형평을 이루는 경우라고 할 수 있을 것입니다. 만약 어떤 사람에게 의무는 많은데 권리가 적다면 이는 분명히 억압적인 상황이겠지요. 반대로 누군가에게 의무보다 권리가 많으면 다른 누군가의 권리는 줄어들 테고요. 이것 또한 억압적인 상황이겠죠. 적어도 평등한 입장에서 구성원들이 사회의 운영 기준을 정할 때, 만약 이렇게 권리와 의무가 일치하지 않는 상황이라면 합의가 불가능할 것입니다. 아니, 어느 바보가 권리보다 의무를 더 많이 가지길 원하겠습니까? 유일하게 모든 사회 구성원이 동의하고 합의할 수 있는 기준은 의무만큼의 권리, 권리만큼의 의무가 주어지는 상황일 것입니다. 즉 의무와 권리가 형평에 맞게 주어지는 것에만 동의할 수 있을 거란 말이죠. 그러므로 평등한 자유와 기회의 균등 역시 일차적으로 권리와 의무를 배분할 때 두 가지가 공평할 것을 전제로 합니다.

그런데 투표권을 18세부터 부여하는 것은 이러한 정의의 원칙에서 벗어나지 않습니다. 이 연령에 도달할 때 투표권을 주는 것은 권리와 의무의 형평이라는 기본적인 정의의 원칙에 합당한 조치이기 때문입니다. 왜냐고요? 권리는 의무와 함께 주어져야 하는데 18세부터 국민으로서 가장 중요한 의무인 '납세의 의무'가 주어지기 때문입니다. 징병제를 실시하는 나라의 경우 보통은 이 나이부터 '국방의 의무'가 주어지기도 하고요. 의무가 주어지는 순간 가장 중요한 권리인 참정권도 함께 주는 것이지요. 그러므로 투표권을 주는 연령을 법적으로 제한하는 것을 이유로 한 시민 불복종 행위는 정당화될 수 없다고 보는 것입니다.

싱어 | 글쎄요…. 과연 그럴까요? 롤스 선생은 의무의 개념을 지나치게 협소하게 보고 있는 것 아닌가요? 선생은 납세의 의무를 근거로 들어 18세부터 납세와 참정권이라는 의무와 권리가 형평을 이룬다고 주장하는데요. 납세의 의무가 없다고 해서 과연 18세 이전에는 아무런 의무도 없다고 할 수 있을까요? 이미 인간은 태어나면서부터 수많은 의무를 부여받으면서 살아가고 있습니다. 초등학생만 하더라도 제도 교육이 정한 여러 가지 의무에 직접적으로 규제를 받으면서 생활해야 하지요. 또 중고등학생 정도만 돼도 법적 처벌의 대상이 되기도 합니다. 법적 선거 연령이라고 정해놓은 나이 이전에 이미 수많은 의무가 부과되는 대상이 되어 있는 것입니다. 선생은 이것을 법적인 의무가 아니라고 할 수 있겠습니까? 그렇다면 선생이 말한 권리와 의무의 불공평이 이미 발생하고 있는 것으로 봐야 하지 않나요? 이런 상황에서 선생의 정의관이 부족하다든가 아니면 잘못되었다고 생각하여, 그 정의관 자체를 보완하거나 고치기 위해 이루어지는 불복종은 왜 성립할 수 없는 것이죠?

이것만이 아닙니다. 투표권만 해도 다른 여러 가지 문제를 일으킵니다. 선거 연령과 관련된 문제 말고도 소수자에게 투표권을 박탈하면서 이와 유사한 문제들이 생겨납니다. 예를 들어 유죄 판결을 받은 죄수에게 투표권을 주지 않는 것은 어떻게 규정해야 하죠? 이것은 평등한 자유에 합당한 것인가요, 아니면 자유를 침해하는 것인가요? 이것은 시민 불복종의 대상이 되나요, 아닌가요?

롤스 | 물론 저 역시 모든 것을 명쾌하게 구분하는 것이 쉽지 않다는 것은 인정해요. 하지만 모든 권리와 의무를 대상으로 정의의 원칙을 정할 수는 없는 노릇 아니겠어요? 사회 운영 원리로서의 정의관이라는 것이 사회에서 발생하는 모든 경우의 수를 다룰 수는 없으니까요. 가장 핵심적인 것에서 권리와 의무가 형평을 이룬다면 기본적으로 구성원의 합의 영역 내에 있다고 봐야 합니다. 그 영역 내에서 발생하는 소소한 것들은 부분적인 조정을 통해 해결할 문제가 아닐까 싶습니다.

싱어 | 그러면 선생은 가장 원칙적인 것 몇 가지만 시민 불복종의 대상이 된다고 여기는 건가요? 아니 더 정확히 말하자면 권리란 것이 어느 것은 크고 어느 것은 작다고 구분할 수 있다는 건가요? 다른 사람에게는 작은 권리일지 몰라도 그로 인해 고통을 당하는 당사자에게는 그 권리가 가장 중대한 문제 아닌가요? 저는 설마 롤스 선생이 이러한 주장을 하고 있다고는 생각하지 않습니다. 제가 말하고자 하는 것은 선생처럼 두세 가지 정의의 원칙을 정해놓고, 시민 불복종은 그 틀 내에서만 정당화될 수 있다고 제한해버리는 순간 필연적으로 모순과 문제가 나타난다는 것입니다. 시민 불복종은 선생이 한정한 것보다 더 넓은 범위에서 발생할 수 있다는 점을 이야기하는 것입니다.

특히 저는 시민 불복종이 사회적으로 공유된 정의관의 틀 내에서만 정당화될 수 있다는 가정 자체에 문제가 있다고 생각합니다. 시대나 어떤 사회가 처한 구체적인 상황을 고려하지 않고 일관되게 적

용될 수 있는 정의관을 설정한 것 자체가 문제가 될 수 있다는 거죠.
제 말은 시대의 변화와 사회적인 조건에 따라서 그때까지 공유된 것
으로 여겨지던 정의관에 대해서 문제를 제기할 수 있고, 그 문제가
합법적인 방법을 통해 해결되지 않을 때 얼마든지 시민 불복종의 대
상이 될 수 있다는 것입니다.

박쌤 | 방금 싱어 선생이 제기한 문제가 시민 불복종을 인정하는 입
장에서 롤스 선생의 이론에 대해 제기되는 가장 전형적인 반론일 것
같습니다. 롤스 선생이 '정의론'이라는 일반적인 기준을 설정하고
이로부터 분배의 원칙과 시민 불복종의 원칙을 도출하고 있기 때문
에 지나치게 실천의 범위를 한정하는 오류를 범하는 것이 아닌가 하
는 문제 제기는 줄곧 있어왔습니다.
　싱어 선생과 동일하지는 않지만 약간 비슷한 맥락에서 제기되는

것으로 로널드 드워킨의 반론이 있습니다. 그는 기존 시민 불복종론의 결함 중 하나로 개념상의 문제를 지적합니다. 그는 《법과 시민 불복종》에서 "법률가와 철학자들은 지금까지 조심스럽게 법이 유효한가라는 법적인 문제와 그것에 복종해야 하는가라는 도덕적인 문제를 구분해오고 있다. 그들은 양자택일 식으로 논의를 전개하는데, 즉 법이 유효할 경우에는 시민 불복종의 문제가 생겨나지 않는다는 것이다. 법이 유효할 경우에는 유효한 법을 지키는 것이 합당한가라는 도덕적 문제가 제기된다. 이런 식의 논의 구조가 숨기고 있는 사실은 법의 유효성 자체가 의문시될 수 있다는 점이다."라고 주장을 해요.

드워킨의 문제 제기가 롤스 선생의 논리에 대해서도 반론 역할을 할 수 있을 것 같습니다. 선생은 어떤 법이 선생이 제시한 정의의 원칙에서 벗어나는 경우 불복종의 대상이 될 수 있지만, 그렇지 않은 경우 정당화될 수 없다고 주장하잖아요. 그런데 드워킨의 문제의식을 확장하면 롤스 선생처럼 공유된 정의관에 합당한 경우와 그렇지 않은 경우로 나누는 것이 어려운 상황에서는 어떻게 할 것인가라는 문제가 생깁니다. 양자택일 식의 선생 논리로는 이에 대해 설명할 수 없죠. 드워킨은 법의 유효성이 의문시되는 경우, 또는 그 법이 사회의 공유된 정의관에 합당한지 아닌지가 논란이 되는 경우에도 불복종이 성립될 수 있어야 한다고 주장합니다.

롤스 | 피터 싱어 선생이나 드워킨 선생과 같은 접근은 시민 불복종을 지나치게 일상적인 저항 수단으로 만들어버릴 위험성이 있어요.

시민 불복종은 공유된 정의관이란
틀 안에서 행해져야 할 최후의
저항 수단입니다.
공유된 정의관이 의미를 잃으면
사회적 약자를 보호할 규제책이
없어지는 겁니다.

시민 불복종은 최후의 수단이어야 합니다. 그만큼 매우 조심스러워
야 하지요. 물론 정의와 법의 안정성 가운데 안정성을 우선하는 것
은 곤란합니다. 정의는 사회제도의 제1덕목이어야 하니까요. 하지
만 이것이 법적 안정성을 무시해도 좋다는 의미는 아닐 것입니다.
우리는 어렵더라도 공유된 정의관과 이에 따른 정의의 원칙을 설정
할 필요가 있어요. 그리고 최후의 저항 수단인 시민 불복종은 이 틀
내에서 이루어져야 하고요.

사안별로 논란이 되는 경우는 발생하겠지요. 혹은 드워킨 선생의
생각처럼 유효한 법이나 공유된 정의관에 해당하는지의 여부가 논
란이 될 수도 있고요. 하지만 이렇게 논란이 되는 경우에도 시민 불
복종이 성립한다는 전제하에 행동에 들어간다면 공유된 정의관이
라는 것 자체가 존립할 수 없는 상황이 만들어집니다. 공유된 정의
관이 의미를 상실하면 그것이 누구를 이롭게 할까요? 소수나 사회

적 약자보다는 오히려 사회적 강자들이 바라는 상황이 되지 않을까요? 공유된 정의관을 통해 사회적 강자를 강제하는 것이 필요한데, 이것이 불가능해지거나 약화될 수 있으니까 말입니다.

박쌤 | 그 논리는 여전히 선생이 말한 정의관의 틀 내에서만 가능한 반박이 아닐까 싶습니다. 그 사회가 인정하는 정의관을 뛰어넘으려고 하거나, 혹은 고치려고 하는 사람들에게는 별로 설득력이 없을 거란 말이죠. 아니 오히려 선생의 불복종론이 이들에게는 억압으로 다가갈 가능성도 많습니다. 당장 피터 싱어 선생이 제기한 사례, 현재 대체로 공유되어 있다고 여겨지는 법적 선거 연령 제도라든가 유죄 판결을 받은 죄수에게 투표권을 주지 않는 것 자체가 부정의하다고 여기는 사람들에게는 선생의 기준이 오히려 억압으로 작용할 테니까요. 또 현재 공유되어 있는 정의관 자체를 바꾸려고 하는 노력이 정의관 자체를 부정하는 것은 아닐 테고요. 일단 이 문제에 대한 논쟁은 여기에서 매듭을 짓고 시민 불복종의 범위에 대한 논쟁을 좀 더 확장해서 전개했으면 합니다. 또 다른 측면에서 어떤 반박이 가능할까요?

싱어 | 불복종 행위를 제한할 때 도덕의 영역에 대한 문제가 있습니다. 도덕적인 영역은 불복종 행위의 대상이 될 수 있는가, 있다면 어디까지 가능한가의 문제이지요. 롤스 선생은 불복종의 개념을 "정부의 정책이나 법률에 어떤 변화를 가져오려는 의도를 가지고 일반적으로 법에 반대해서 행해지는 공적이고 비폭력적이며 양심적인

행위"로 규정합니다. 법이나 정부의 정책이 직접적인 불복종의 대상이 된다는 것은 알 수 있지만 도덕의 문제는 어떻게 다루어질 수 있는지는 제시되어 있지 않습니다. "시민 불복종은 시민 사회와 공동선을 규정하는 도덕 원칙에 의해서 정당화되는 행위라는 의미에서 정치적 행위다."라고 부언하고 있기는 하지만, 이는 시민 불복종이 도덕 원칙에 의해 정당화된다는 의미이지 도덕 자체가 불복종의 대상일 수 있다는 것을 의미하는 것은 아니라고 할 수 있고요.

그런데 도덕 문제에 대해 구체적인 접근을 하지 않는 것이 우연은 아닌 듯해요. 선생의 논리 안에서는 원래 도덕이 끼어들 여지가 별로 없을 것 같거든요. 시작부터 사회 공동체의 운영 원리로서 법이나 제도가 어떤 원칙에 의해 이루어져야 하는지를 중심으로 논리를 펼치고 있고, 불복종에 대해서도 공적인 행위로 상당히 제한을 하고 있기 때문이죠. 그런 점에서 정치적 행위로서의 불복종에만 한정된 접근을 하고 있지요.

롤스 | 맞습니다. 제 논리에 따르면 불복종의 문제에서 도덕의 영역은 매우 제한적이지요. 도덕 자체가 법처럼 처벌과 제도에 기초한 강제가 아니기도 하고 집단의 관습에 의존하는 경향이 많기 때문에 공적인 불복종의 대상이 되기에 어려운 측면이 많아요. 하지만 도덕에 속하면서도 불복종의 대상이 되는 경우도 있을 수 있습니다. 도덕의 영역 중에 평등한 자유의 원칙과 균등한 기회를 보장하는 직위 개방의 원칙을 저해하는 것이 있다면 이는 불복종 대상이 될 수 있습니다. 하지만 이러한 상태에 있는 도덕은 순수한 의미에서 도덕의

영역에 있는 문제라기보다는 이미 도덕의 영역이면서도 공적이고 정치적인 영역에 속하는 문제라고 할 수 있겠죠.

싱어 선생이 동물 해방을 주장하는 분이니 동물의 문제와 연관시켜 얘기하면 쟁점이 좀 더 분명해지겠군요. 동물과 인간의 관계는 도덕의 영역에 속하는 문제라고 할 수 있습니다. 동물을 학대하거나 잔인하게 죽이는 것은 분명 비도덕적인 행위라고 할 수 있을 테니까요. 그러므로 동물에게 지나치게 그리고 광범위하게 잔인한 행동을 하는 것은 도덕적으로 볼 때 악이고 이는 시정되어야 해요. 하지만 그렇다고 해서 동물이 정의를 적용하는 대상이 되지는 않습니다. 우리가 동물에게 정의를 베풀어야 할 의무는 없는 것이죠. 정의란 기본적으로 인간 사회 공동체에서 발생하는 문제에 대한 기준으로 설정되어야 합니다.

싱어 | 시민 불복종의 정당화가 정의에 의거해서 이루어져야 한다는 선생의 논리대로라면 그런 결론이 나오는 것이 자연스럽겠지요. 결국 동물을 아무리 잔혹하게 대할지라도 그로 인해 불복종이 정당화될 수 없다는 주장 아닙니까? 선생의 입장에 따를 경우 정부가 동물에 대한 잔인한 행위를 허용하거나 혹은 조장할지라도 이에 대한 시민 불복종은 정당화될 수 없습니다. 좀 더 구체적으로 볼 때, 오늘날 실험을 위한 목적으로 동물에게 암세포를 주입하는 등의 잔인한 행위가 정부에 의해 광범위하게 허용되고 조장되기도 합니다. 혹은 서커스단이나 동물원에서 사람을 즐겁게 하기 위해 가혹한 훈련을 받는 행위가 용인되기도 하고요. 이런 행위가 왜 부정의한 것에 포함

되서는 안 되죠?

롤스 선생의 논리대로라면 동물을 상대로 한 부정의에 대해서는 불복종도 정당화될 수 없는 반면 그보다 덜 심각한 일에 대해서는 공유된 정의관에 위배된다는 이유로 정당화되기도 합니다. 이는 참으로 놀랍고 한편으로는 부당한 결론이라고 생각해요. 문제는 이런 모순이 동물과 인간의 관계에서만 생기는 게 아니라 정의관에 속하지 않는 도덕을 비롯하여 다른 영역에서도 얼마든지 발생할 수 있다는 것입니다.

박쌤 | 싱어 선생의 반박은 여러 가지 경우에 적용될 수 있을 것 같습니다. 롤스 선생의 논리에 따르면 종교적 교리에 의한 시민 불복종은 불가능합니다. 개인의 도덕 원리나 종교적 교리는 공유된 정의관에 포함되지 않으니까요.

예를 들어 한국 사회에서 계속 논란이 되면서 이어지는 특정 기독교 교파의 '종교적 교리에 의한 병역 거부'는 정당한 불복종 행위로 간주될 수 없게 됩니다. 이 교파의 교인들은 성경의 가르침대로 살고자 하는 사람들입니다. 간음이나 살인하려는 마음도 품지 말라는 성경의 가르침대로 살려고 한단 말입니다. 그렇기 때문에 교리에 따라 일종의 살인 연습이라고 할 수 있는 군사 훈련을 거부합니다. 실제로 사격 연습이나 총검술은 효과적으로 적을 죽이는 방법을 반복 연습하는 것이죠. 한국 정부는 그동안 재판을 통해 수만 명에 이르는 종교적 교리에 의한 병역 거부자들을 몇 년 동안 감옥에 가두었습니다. 하지만 이제 사회 한편에서는 이들의 행위를 정당한 시민 불복종 행위로 간주하고 대책을 마련할 것을 요구합니다.

기업의 비윤리적 행동도 문제가 될 수 있습니다. 기업의 비윤리적 행동을 개선시키기 위한 불복종 행위도 시민 불복종으로 인정해야 한다는 주장도 있습니다. 예를 들어 기업에 의해 자행되는 환경 파괴를 막기 위해, 기업의 행위와 기업의 그러한 행위를 용인하는 정부의 정책에 대해 시민 불복종 행위를 할 수 있다는 것이죠. 혹은 언론사, 대기업, 공기업 등이 시장에서의 독점적 지위를 남용하여 사회 정의를 해치는 반인륜적 행위를 할 때에도 시민 불복종이 행사될 수 있는 것 아닌가요? 이렇게 도덕 원리나 종교적 교리에 의해 이루어지는 행위를 시민 불복종 정당화의 조건에 해당하지 않는다고 규정하는 것은 실질적으로 무리가 따르지 않을까요?

롤스 | 그런 식의 논리라면 도대체 시민 불복종에 포함되지 않을 저항이 있을까요? 그렇게 하다간 인간 사회에 존재하는 모든 종류의 억압과 부정의, 그것도 정도가 더하든 덜하든 일단 정의롭지 못하다거나 도덕적으로 문제가 있다고 여겨지는 모든 것에 대해서 시민 불복종으로서의 정당성을 부여해야 하는 상황을 맞이하게 됩니다. 심지어 원래 불복종이 소수자에게서 시작된다는 점까지 고려하면 개인이나 집단은 자신에게 발생하는 모든 불이익에 대해서 시민 불복종이라는 형식으로 저항을 해도 된다는 결론으로 이어질 수 있습니다. 위험한 생각이지요.

종교적인 교리에 근거한 병역 거부도 여러 가지 문제를 유발할 수 있어요. 미국에서도 징병과 관련해 시민 불복종이 일어난 일이

있습니다. 베트남 전쟁 시기에 있었던 일이죠. 하지만 당시 미국에서 일어난 징병에 대한 불복종과 박쎔이 말한 경우는 상당히 다릅니다. 당시 미국의 징병법은 그 자체가 헌법상의 지위가 인정될 수 있는지를 비롯해서 논란이 될 수밖에 없는 요소가 많이 있었거든요. 국회가 베트남 전쟁을 선언하지도 않았고, 그로 인한 국가적 이익이 생명의 위협을 정당화하기에 충분한 정도로 대단한 것도 아니며, 정당한 절차나 동등한 보호라는 법 조항이 허용할 수 없는 방식으로 시민들을 차별하여 징병하고 있었으니까요. 징병 거부에 대한 상담을 금지하는 법도 중요한 정치적 문제에 대해 언론을 탄압하고 있다고 볼 수 있는 여지가 있었고요. 이런 경우는 시민 불복종의 대상이 될 여지가 있다고 생각해요.

하지만 현재 한국에서 나타나는 '종교적 교리에 의한 병역 거부'는 성격이 전혀 다릅니다. 한국의 경우 분단 상황이라는 특수성 위에 사회 구성원 대다수가 징병제도에 동의하고 있는 상태인데, 이런 상황에서 징병제도 자체가 평등한 자유와 같은 정의의 원칙에 어긋나는 점이 있어서 이를 바꾸고자 하는 것이 아니라, 개인적이고 종교적인 교리에 의해서 병역을 거부한다는 점에서 시민 불복종의 요건을 충족한다고 보기 어려운 점이 많습니다. 만약 종교적 교리에 의한 개인의 병역 거부가 불복종 행위로 정당화된다면, 어떤 사람은 평화주의자라는 이름으로, 또 어떤 사람은 개인의 소극적인 성격을 이유로 병역을 거부하는 것도 폭넓게 인정되어야만 합니다. 이렇게 되면 개인의 모든 저항 행위가 시민 불복종에 해당하는 것이 되어버리죠.

환경 윤리나 기업 윤리의 문제도 마찬가지 아닐까요? 물론 우리가 동물이나 환경을 보호하고 기업에 윤리적인 경영을 촉구하는 것은 정당한 일입니다. 하지만 우리 인간에게 얼마나 영향을 미치는 문제인지, 이로 인해 인간이 얼마나 큰 고통을 받는지 여부가 시민 불복종 문제를 판단하는 기준이 될 수는 없습니다. 앞에서 싱어 선생이 저를 비판하면서 동물을 상대로 한 부정의에 대해서는 시민 불복종이 정당화될 수 없는 반면 그보다 덜 심각한 일에 대해서는 공유된 정의관에 위배된다는 이유로 정당화되기도 하는 식으로 부당한 결론을 내리고 있다고 했는데요. 저는 실제로 이러한 경우가 발생할 수 있다고 봐요. 경우에 따라 환경 윤리나 기업 윤리와 같은 문제가 제가 말한 시민 불복종의 정당화 요건에 해당하는 문제보다 더 중대한 가치를 지닐 수도 있어요. 심각하다고 해서 불복종이 정당화되는 것은 아니지만요. 법이나 제도를 어기려면 그 법이나 제도가 사회가 지녀야 할 가장 근본적인 정의의 원칙을 위반하고 있다는 점이 입증되어야 하거든요. 그런 점에서 거듭 강조하지만 공적인 성격을 지니는 것이어야 해요. 시민 불복종으로서 정당화되는 윤리의 문제는 여기에 해당하는 것으로 제한되어야 합니다.

싱어 | 선생은 시민 불복종의 범위가 확장되는 것을 지나치게 두려워하는 것 아닌가요? 법적·제도적 측면이든 도덕적 측면이든 그것이 사회 구성원들에게 부정적 영향을 주는 것이라면 불복종으로서의 정당성을 지닐 수 있어야 하지 않나요? 아니 더 나아가서 현재의 법률이나 정책이 지금 당장 해로운 결과를 가져오지 않는다 하더라도, 핵무기나 원자력 발전처럼 미래 세대에게 해로운 결과를 가져온다면 그러한 정책은 지금 이 순간에도 도덕적으로 부당한 것으로 간주되어 그에 대한 현재의 시민 불복종도 정당화되어야 하지 않을까요?

선생은 이로 인해 발생할 수 있는 사회 공동체의 유지 문제라든가 법적 안정성 문제를 거론하는데, 이는 선생의 의도와는 무관하게 사회제도의 제1덕목은 정의라는 스스로의 규정과 상당히 충돌하게 됩니다. 그렇기 때문에 저는 선생이 시민 불복종의 정당화에 대한 논의를 활성화하는 데 기여한 점은 높이 사야 하지만 시민들의 자발적인 불복종 행위를 여러 측면에서 제한함으로써 사회 곳곳에서 일어나는 저항 운동의 의미를 축소하는 점에 대해서는 비판받아야 한다고 생각해요.

박쌤 | 자, 이번엔 비폭력 문제에 대해서는 어떻게 생각해야 할지로 넘어가볼까요? 롤스 선생은 시민 불복종이 정당화되기 위해서는 비

폭력적이어야 한다고 한정을 짓습니다.

하지만 이에 대한 반론도 만만치가 않은데요. 존 모리얼 같은 사람은 시민 불복종이 폭력을 포함할 수도 있다고 주장합니다. 그에 따르면 폭력은 완력의 한 형태이고, 완력은 시민 불복종에서 연좌농성, 도로에 눕기 등의 방법으로 활용될 수 있다고 해요. 저항의 목표를 달성하기 위한 지렛대로 완력을 사용하거나 지속적으로 완력을 사용할 것이라고 위협하는 형식이 시민 불복종에 포함될 수 있다는 것이죠.

브라이언 스마트도 폭력과 완력이 시민 불복종의 범주 내로 편입될 수 있다고 주장합니다. 그는 폭력을 "사람이나 재산에 상당한 정도로 또는 파괴적으로 완력을 사용하는 것"으로 규정합니다. 그는 시민 불복종 운동의 과정에서 설득을 위한 압력으로서의 강제만이 아니라 더 나아가서는 완력의 형태로서의 강제도 포함될 수 있다고 주장해요. 이런 논란은 이론적인 측면에서만이 아니라 이미 구체적인 현실에서 비일비재하게 발생하고 있습니다.

롤스 | 만약 폭력적인 행위까지 시민 불복종의 개념 안에 넣어버리면 도대체 혁명 운동과 시민 불복종을 어떻게 구별할 수 있을까요? 시민 불복종은 앞에서도 강조했지만 어느 정도 정의로운 사회, 그러한 의미에서 기본적인 민주주의 제도가 보장되어 있는 사회에서 적용될 수 있는 개념입니다. 혁명 운동은 법이나 제도가 부분적이 아니라 총체적·근본적으로 부정의할 때 사회의 전면적인 변화를 이끌어내기 위해 선택되는 수단이죠. 혁명 운동에서는 폭력이 저항권

의 일환으로 정당화되기도 합니다. 하지만 전반적으로 민주주의가 보장된 사회에서는 요구를 관철하기 위한 수단을 한정할 필요가 있어요. 그러므로 폭력이라든가 직접적인 위협은 시민 불복종에서 제외해야 합니다. 위협은 위협을 당하는 자가 선택할 수 있는 대안을 지극히 제한합니다. 시민 불복종은 폭력이나 위협이 아니라 다수자에게 호소하는 방식에 국한되어야 해요.

박쌤 │ 현실에서 시민 불복종 행위가 실제로 벌어질 때는 수많은 변수가 생길 수 있습니다. 의도적으로 폭력이라는 수단에 의존하는 경우가 아니라 하더라도, 반드시 시민 불복종이 필요한 상황인데 비폭력적으로는 불복종 행위 자체가 불가능한 경우가 발생할 수 있을 텐데요. 단순히 세금을 내지 않거나 법을 어기는 행위 자체만으로 불복종이 성립하는 경우도 있지만 그렇지 않은 경우도 있을 수 있잖아요. 어떠한 행위를 해야 불복종이 성립할 수 있는데, 그러한 행위를 못하게 하는 경우요.

예를 들어 설명하는 것이 좋겠군요. 한국도 다양한 방식으로 불복종 운동을 한 경험이 있는데요. 그중에는 개인과 정부 사이에 직접적인 마찰이 생긴 경우가 꽤 있었죠. 구체적인 사례의 하나로 개인과 시민단체가 진행한 '문화재 관람료 부당 징수 불복종 운동'이 있습니다. 한국에서는 문화재가 있는 국립공원에 들어갈 때 문화재를 보지 않아도 관람료를 지불해야만 합니다. 이것이 부당하다고 여겨서 불복종을 한 경우인데요. 이 행위가 불복종으로서 성립하려면 돈을 내지 않고 국립공원에 들어가야 하잖아요. 그런데 당연히 정부에서 설치한 검표소에서 직원들이 출입을 통제합니다. 그러면 유일한 방법은 공무원의 제지를 무릅쓰고 완력을 사용해 들어가는 것입니다. 만약 비폭력을 전제로 한다면 국립공원에 안 가는 수밖에 없는데, 이는 자신의 권리를 스스로 포기하는 것에 지나지 않으니 도저히 불복종이라고 할 수 없는 상황이 되죠.

이것만이 아닙니다. 서울의 위성도시 역할을 하는 분당에서 과거에 '고속도로 통행료 납부 거부 운동'을 펼칠 때도 동일한 문제가 발생했습니다. 분당에서 고속도로로 나올 때 통행료를 낸 다음에 아주 가까운 거리에서 다시 한 번 통행료를 내야 하는 부당한 상황이 있었거든요. 그래서 분당 주민들이 통행료 내는 것을 거부하는, 일종의 불복종 운동을 벌였습니다. 당연히 정부에서는 공무원을 동원해서 통행료를 내지 않은 자동차가 나가지 못하도록 막으려고 했고요. 이런 경우에도 불복종 행위가 성립하려면 완력을 사용해서라도 자동차로 밀고 나가는 수밖에 없지 않겠어요?

세계에서 벌어진 불복종의 사례를 검토하면 이러한 경우가 아마 수도 없이 많을 것입니다. 그런데 롤스 선생이 규정한 대로 비폭력만이 불복종의 전제 조건이 되어버리면, 이들의 행위가 전부 정당한 시민 불복종의 지위를 박탈당하고 단순한 폭력 행위로 전락해버리는 문제가 발생합니다. 그렇다고 이들에게 그냥 참고 살라고 해야 하나요? 부당한 것을 참고 살라고 하면 그 자체가 부정의한 것이 되지 않나요?

롤스 | 허~ 박쌤이 든 사례들은 애교 있는 폭력에 해당하네요. ㅎㅎ

참 곤란한 문제이긴 합니다. 하지만 이 점은 고려해야 해요. 불복종에 대한 제 논의는 구체적인 실천에서 발생하는 각각의 경우를 다염두에 두고 만들어진 것이 아닙니다. 그렇기 때문에 현실에서 발생하는 문제를 통해 보완이 필요한 것이 사실이고요. 다만 제가 비폭력이라는 제한 조항을 통해 말하고자 한 문제의식은 충분히 고민해볼 필요가 있어요. 민주적 절차가 의미를 갖기 위해서는 가급적 다수결 절차를 통해서 문제를 해결해야 하고, 이를 위해서는 다수자의정의감에 호소하는 방식으로 불복종 행위가 이루어져야 한다는 점입니다. 폭력을 일반적인 차원에서 불복종의 수단으로 인정할 경우자칫 불복종 운동이 독자적인 의미를 상실하고 다른 종류의 저항 운동과 아무런 차이도 없어지는 상황이 발생할 수 있어요.

물론 이에 대해 바로 제기될 수 있는 반론도 모르는 것은 아닙니다. 박쌤도 사례를 들어 문제 제기했듯이 폭력을 원하는 사람이 어디 있느냐, 그것 말고 다른 방식으로는 불복종이 성립할 수 없을 때는 그럼 저항을 포기하라는 얘기냐며 따지겠죠. 결국 이 문제에 대해서는 각각의 경우에 맞는 대응을 고민해야 한다는 것은 인정해요. 하지만 일반론 차원에서는 여전히 폭력이라는 수단을 불복종에 포함시키는 것이 곤란하다고 생각해요.

싱어 ┃ 그러한 애매함이나 모호함도 결국 롤스 선생이 시민 불복종의 요건을 상당히 제한했기 때문에 발생하는 문제라고 봐야 할 것입니다. 그렇게 되면 불복종이 정당화될 수 있는 대상, 방법 등 다양한영역에서 곤란함이 계속 발생할 수밖에 없어요.

박쌤 ｜ 시민 불복종 행위자를 처벌하는 문제에 대해서도 또 하나의 논쟁점이 형성될 수 있을 것 같습니다. 롤스 선생은 불복종은 "체포나 처벌이 예상되기는 하나 주저 없이 감수하고자 하는 상황에서 행해진다."라고 주장합니다. 또한 불복종 행위가 이루어지는 당시에는 국가의 처벌에 저항해서는 안 된다고 규정하고 있어요.

드워킨은 이에 대해 "그들은 양심적으로 불복종하는 시민은 사회의 다른 성원들을 위해서 감금되어야 한다고 가정한다. 법을 어기는 일이 정당화되는 경우에도 다수자들은 적어도 그 자체의 기준으로 볼 때 그를 고소하는 것이 정당하다는 것이다. (…) 양심적인 불복종 행위자를 고소해서는 안 되는 실제상의 이유들이 있다. 이러한 자들은 국가의 적인 경우가 드물며 일반적으로 가장 충성스럽고 헌신적인 시민들에 속한다. 그들을 감옥에 가두면 그들의 소외감은 더욱 굳어지며 그로 인해서 불복종을 단념하게 된 많은 사람들의 소외감까지 조장하는 결과를 낳을 것이다."라고 문제를 제기합니다. 드워킨만이 아니라 처벌을 감수해야 한다는 선생의 주장에 대해 비판하는 경우가 꽤 있는 것으로 알고 있습니다. 처벌에 반대하는 순간 정당한 시민 불복종 행위로서의 지위는 사라지는 것인가요?

롤스 ｜ 제가 처벌을 감수해야 한다고 하는 이유는 시민 불복종의 성격을 상기해보면 이해할 것입니다. 불복종은 합법적 절차에 대한 존중을 부정하는 것이 아니라 이를 옹호하는 것이며 보완하는 것이기도 합니다. 처벌을 감수하는 것은 이에 대한 존중을 보여주는 것이죠. 불복종이 성공하기 위해서는 다수자를 설득하는 데 성공해야 하

는데, 처벌을 감수하는 것은 다수자에게 그 행동이 정말 양심적이고 진지하며 진정으로 그들의 정의감에 호소하기 위해 의도된 것임을 증명해 보이는 데 도움이 됩니다. 처벌을 감수함으로써 정의감에 호소하는 자신의 행동이 얼마나 진지한지를 웅변적으로 보여주는 것이죠. 그들의 양심을 움직이자는 것입니다.

또 처벌을 감수하지 않을 경우 사회 구성원 전체가 져야 할 법에 대한 의무를 부정하는 결과를 초래합니다. 만약 불복종 행위자에 대한 처벌을 부정하거나 관용을 요구할 경우 법의 불공정성이 문제가 되거든요. 대다수 시민들은 규칙을 따름으로써 경기를 진행하고 있는데, 불복종 행위자에게 관용을 베풀 경우 법이 특정한 사람들에게만 이익을 주는 방식으로 적용되고 있음이 드러납니다. 이는 전반적인 불공정 상황을 만들지요.

싱어 ┃ 글쎄요. 저는 드워킨의 문제의식을 충분히 긍정적으로 검토해볼 필요가 있다고 생각해요. 불복종 행위를 하는 사람들은 어떤 법이나 제도가 정의롭지 못하다고 여기기 때문에 행동에 나서는 것인데, 자신이 정당하다고 생각하는 행동에 대해서 처벌을 감수해야 한다고만 말하면 어떻게 납득할 수 있을까요? 오히려 이들은 자신의 행위가 정당하고 그렇기 때문에 처벌 대상일 수 없다는 점을 강조하고자 할 텐데요. 다수에게 진실성을 보여주기 위해서 처벌을 감수하는 모습을 보여줄 필요가 있다고 한다면 우리 사회가 불복종 행위자에게 너무 많은 짐을 지우는 것이 아닐까요? 또 다수의 양심에 호소하는 것이 왜 처벌을 감수할 때에만 가능한 것인가요? 처벌에 저항함으로써 국가 행동의 부당함을 폭로하고, 이를 통해 다수의 동조를 이끌어내는 것은 왜 허용될 수 없나요?

우리는 오히려 국가에 불복종 행위자에 대한 관용을 요구해야 하지 않나요? 우리가 진정으로 자기 자신의 견해에 따라 행위하는 것이 합당하다고 믿는다면 우리는 그들을 보호해야 할 의무가 있는 것 아닌가요? 그렇다고 제가 불복종 행위자에 대한 일체의 처벌이 정당하지 않고 그러므로 어떤 경우에도 처벌하지 말아야 한다고 주장하는 것은 아닙니다. 그렇다고 해서 모든 불복종 행위가 처벌을 전제로 해야 한다는 것도 별로 바람직해 보이지 않고요. 처벌을 수용하는 것보다는 관용을 요구하는 것이 더 타당할 수 있다는 점을 강조하고 싶어요.

그런 점에서 국가가 불복종 행위자에 대해 기소 유예 처분을 내릴 것을 권고하는 드워킨의 견해는 검토해볼 만한 가치가 있다고 생각해요. 롤스 선생의 우려대로 일단 형식상으로 볼 때 법을 어기는 행위를 처벌하지 않고 내버려두는 것은 법치 국가의 전통에 어긋나는 것이기는 합니다. 하지만 국가와 법에는 자유재량이라는 것이 있잖아요? 그러니까 국가의 자유재량으로 기소하지 않도록 요구함으로써 불복종 행위자에 대한 관용을 호소할 필요는 있지 않을까요?

박쌤 | 지금까지 시민 불복종의 정당화 범위와 관련하여 여러 측면에서 나타날 수 있는 쟁점을 다뤘습니다. 그동안 두 분의 직접적인 논쟁에 포함되지 않았던 쟁점에 대해서는 불가피하게 제가 소개하는 방식으로 진행했고요. 물론 오늘 다룬 것 이외에도 더 많은 논쟁

점이 있을 수 있습니다. 하지만 시간이 제한된 관계로 아쉽게도 이 모든 것을 다 다룰 수는 없을 것 같습니다. 이에 대해서는 다른 지면에서 만날 수 있을 것이라 생각하고 오늘은 여기에서 논쟁을 마무리하겠습니다. 그럼, 오늘 뜨거운 쟁점임에도 논리적인 엄밀성을 잃지 않고 유익한 논쟁을 전개해주신 두 분 선생에게 감사의 인사를 드리면서 이만 마치겠습니다.

롤스와 켈젠, 싱어

롤스(John Rawls, 1921~2002)

20세기 영어권 정치철학 분야에서 가장 중요한 위치를 차지하고 있는 학자 중 한 사람이다. 평생 동안 '정의'라는 주제를 파고든 정치철학자로 잘 알려져 있다. 또 사회철학과 윤리학을 되살린 현실적 이상주의자로 알려져 있다.

1950년 프린스턴대학에서 철학박사학위를 받았으며 이후 코넬대학과 매사추세츠 공과대학(MIT)을 거쳐 1962년부터 하버드대학에서 철학과 교수와 명예 교수로 재직했다. 2002년 사회 정의에 대한 반세기를 넘는 열정적인 탐구의 여정을 중단하고 82세의 나이로 세상을 떠났다.

대표적인 저서 《정의론》은 출간과 동시에 20세기를 대표

롤스

하는 고전의 반열에 올랐다. 롤스는 2차 세계대전에 참전하여 인간의 악행을 목격했지만, 인류의 개선 가능성을 믿고 스스로 '현실적 이상주의'라 부르는 태도를 평생 견지한 낙관주의자였다. 특유의 성실함 때문에 학생들 사이에서도 일찍이 '하버드의 성인(Saint Harvard)'이란 별명으로 불렸는데, 그의 '정의론' 강의는 1,000명이 넘는 수강생이 운집하는 인기 강좌로 유명했다고 한다. 언제나 성실하던 롤스는 1997년 뇌졸중으로 쓰러진 뒤에도 몸이 조금만 회복되면 연구와 저술 활동을 멈추지 않았다고 한다. 하버드대 철학과의 동료 교수가 "롤스 교수는 어떻게 선을 행할 것인지를 고민하는 데만 그친 것이 아니라 자신의 삶을 통해 직접 선을 보여줬다."면서 "그의 업적은 영원히 잊히지 않을 것"이라고 말할 정도였다.

《정의론》은 분석철학의 지배 아래, 도덕철학이나 사회·정치철학에 대해 지적인 불모의 시기였던 20세기 영미 철학계에서 새로운 시각과 방법을 통해 규범 윤리에 대한 관심을 재연시킨 야심찬 시도였으며, 사회철학과 윤리학을 되살린 대작으로 평가받는다. 롤스는 현대 윤리학, 정치철학, 경제학을 비롯한 인문사회과학 전반에 지대한 영향을 끼쳤으며 현대의 고전으로 꼽히는 《정의론》을 통해 독창적 이론을 제시함으로써, 현실에서 수많은 논쟁과 논의를 불러일으켰다. 이러한 격렬한 논쟁으로 롤스는 정치철학과 윤리학에서 존 로크, 토머스 홉스 등 고전적인 정치철학자에 버금가는 입지를 확보할 수 있었다.

주요 저서로는 《정의론》 외에도 《정치적 자유주의》, 《만민법》, 《근대 도덕철학사 강의》, 《공정으로서의 정의》 등이 있다.

〈시민 불복종의 정당화〉

롤스가 1966년 미국 정치학회에서 발표한 논문이다. 그의 주저인 《정의론》에서는 이 논문의 내용을 일반론적인 정의론과 연관시켜 다시 다루고 있기도 하다.

이 논문에서 롤스는 합법적으로 세워진 민주 체제에서 시민 불복종에 의해 합당하게 거부될 수 있는 여건이 무엇인지에 주제를 국한해서 논의를 전개하고 있다. 그가 이렇게 한정해서 논의를 하는 이유는 시민 불복종이라는 행위가 비록 완전히 정의롭지는 않다고 하더라도 어느 정도는 정의로운 민주 체제에 적용될 수 있는 것으로 보기 때문이다. 왜냐하면 그는 기본적으로 불복종이란 합의된 정의관에서 벗어난 법이나 제도, 정책에 대하여 다수자의 정의감에 호소하는 정치적 행위로 받아들여질 경우에만 정당화될 수 있다고 보기 때문이다.

특히 그는 사회계약 이론을 기반으로 하여 불복종론을 펼쳐나간다. 그는 사회제도의 가장 중요한 두 가지 덕목은 정의와 효율성인데, 정치적 의무의 이론을 위한 적절한 정의관은 우리의 정치사상의 대부분이 그로부터 도출되고 있는 사회계약 이론의 정의관이라고 생각한다. 그리고 이를 위해 모든 사회 구성원들이 자유롭고 평등한 입장에서 계약에 참여하는 것을 전제로 한다. 즉 원초적 입장에 있는 사람들은 동등한 힘과 권리를 갖고 있는데, 이는 곧 그들은 합의에 이르기 위한 대등한 처지에 있으며, 결탁 등과 같은 일은 배제되고 있다는 것을 전제로 한다.

그가 원초적 입장에서 논의를 시작하는 것은 현실에서의 다수결이 반드시 정의를 보장하지는 않는다는 문제의식 때문이다. 헌법이 정의롭다고 해서 그 속에서 제정되는 법률의 정의로움이 보장되지는 않는다는 말이다. 일반적으로 우리는 다수가 입법한 것에 따라야 할 책무와 의무를 갖기는 하나 그렇다고 해서 다수가 입법한 그 자체를 정의로운 것으로 간주해야 할 의무나 책무는 갖지 않는다는 것이다.

롤스는 시민 불복종이 정당화될 수 있는 경우를 원칙적으로 한정한다. 시민 불복종은 다수자의 정의감에 호소하는 정치적 행위이기 때문에 명확하고 실질적으로 정의를 침해한 경우에 국한되어야 하고 가급적 그 침해가 시정되면 여타의 부정의도 일소될 수 있는 기반을 마련하게 될 경우에 국한되는 것이 좋다고 한다. 이런 이유로 해서 시민 불복종은 정의의 제1원칙인 평등한 자유의 원칙을 위반하는 경우와 제2원칙인 균등한 기회를 보장하는 직위 개방의 원칙에 위배되는 경우로 제한되어야 한다고 주장한다.

켈젠(Hans Kelsen, 1881~1973)

오스트리아의 법학자로, 빈대학을 졸업한 후 빈대학과 쾰른대학 교수를 역임했다. 그러나 유대인이라는 신분 때문에 히틀러에 의해 추방되어 스위스로 망명했다. 그 후 오스트리아 신공화국의 정치 중심 세력이던 사회민주당의 일원으로서, 신헌법의 기초를 맡았고 몇 가

켈젠

지 헌법 해설서를 썼다. 그 문서는 오늘날까지도 오스트리아 헌법의 기초를 이루고 있다.

1925년, 켈젠은 베를린에서 《일반 정치학》을 출판했다. 이후 헌법재판소의 지위에 대한 정치적 논쟁이 증가하고 보수적 분위기가 팽배해짐에 따라, 1930년 재판소에서 해임되었다. 그해 켈젠은 쾰른대학에서 교수직을 받아들였으나 1933년 독일에서 나치가 권력을 잡으면서 직장에서 해임되었다. 그리고 스위스의 제네바로 이주하여 1934년부터 1940년까지 제네바 고등국제연구소에서 국제법을 가르치면서 더욱 국제법에 관심을 갖게 되었다.

1934년, 《순수법학》 초판을 출판했다. 독일이 체코슬로바키아를 점령할 때까지 프라하의 독일대학에서 교수로 재직하다가 1940년, 미국으로 이주했다. 이후 1942년 하버드법대에서 강의를 했고 1945년에 버클리의 캘리포니아대학에서 정치학 정교수가 되었다. 이 기간 동안 국제법과 국제연맹 같은 국제기구에 대한 논쟁을 다루었다.

켈젠은 자신의 순수법학이 인정받지 못하는 미국학계에서 법철학과 국제법 연구에 일생을 바치며 외로운 한평생을 보냈다. 한평생 유대인 학자로, 스스로 내면적인 만족에만 산다고 고백한 그는 신칸트학파의 방법에서 출발하여 순수법학이라는 독자적 방법을 제

창, 빈 학파를 창시하였으며, 자유주의 입장에서 민주주의의 본질과 가치를 구명하였다.

또 다수결과 의회주의의 원리를 해명하여 파시즘과 마르크스주의를 비판하였으며 제2차 세계대전 후에는 평화주의, 국제주의, 국제법 우위설의 입장에서 국제법을 강의하였다. 그의 학설은 유럽 대륙 법학계에 커다란 파문을 일으켰다. 이 중 《순수법학》은 제2차 대전 전의 자신의 학설을 총 결산한 것으로, 그의 견해가 명쾌하게 요약되어 있다.

주요 저서로는 《순수법학》, 《정의란 무엇인가》, 《통합으로서의 국가》, 《일반 국가학》 등이 있다.

《순수법학》

철저한 실증주의자이자 민주주의 이론가인 켈젠이 칸트의 존재와 당위 이원론과 법의 강제성 이론을 바탕으로, 실정법 자체의 구조를 냉정하게 이론적으로 인식하려는 실정법 이론을 수립하고자 한 책이다. 그 결과 법규의 단계 구조상 종국적 가설로서의 근본 규범을 설정했다. 이 책은 민주주의와 직결된 가치 상대주의 및 법의 기술성을 전제한 가치판단을 배제했다는 점에서, 나치의 배경하에서 실천적 의의를 지녔을 뿐만 아니라 법의 본질에 대한 궁극적인 문제를 제기한 책이기도 하다. 켈젠에게 순수법학의 '순수'란 법 이론이 논리적으로 자체에 근거하는 것이지, 법 이외의 정치적인 가치에 의존해서는 안 된다는 의미를 가진다. 전체적인 내용은 다음과 같다.

제1장 '법과 자연'에서는 법이 사회 현상이기는 하지만 사회와

켈젠의 《순수법학》

자연은 전혀 다르다는 점, 따라서 법학이 자연과학이 되지 않기 위해서는 법이 자연과 명확히 구별되어야 한다는 점을 강조한다.

제2장 '법과 도덕'에서는 법과 도덕을 소박하게 관계 짓는 자연법론과는 달리, 양자를 확실히 구별하고 실정법의 평가를 의식적으로 배척한다. 과학으로서의 법학은 법을 있는 그대로 인식하는 것을 유일한 임무로 하며 순수법학은 반이데올로기적이어야 한다고 주장한다.

제3장 '법의 개념과 법규의 이론'에서는 실증주의에 근거하여 법을 외적 강제질서로 파악한다. 이같이 파악되는 것은 일종의 특수한 사회적 기술이며 그 자체는 정치적, 윤리적으로 색채가 없다.

제4장 '법학의 2원론과 그 극복'의 경우 전통적인 법학에서는 객관적인 법, 즉 보통 의미의 법과 주관적인 법, 즉 권리로 구별되어왔다는 점을 지적한다. 후자는 분석에 의해 법 창설에 참가함으로써 전자에 환원될 수 있다. 법학에서 제1차적으로 중요한 개념은 권리가 아니라 의무임을 강조한다.

제5장 '법질서와 단계 구조'에서 하나의 법질서는 근본 규범을 정점으로 한 통일적인 단계 구조를 이룬다고 주장한다. 여러 가지 국내법 질서는 통일성을 지니며 병존하고, 점점 고차적인 법질서인 국제법에 의해 통일된다고 한다.

제6장에서는 해석은 법을 단계적으로 창설하는 과정에서 상위 단계에서 하위 단계로 이행할 때 수반되는 정신적 활동임을 강조한다. 상위 규범의 내용은 하위 규범을 구속한다. 그러나 이 구속은 절대적인 것이 아니라 상위 규범, 말하자면 테두리로서의 의의를 갖는 데 불과하다고 한다.

제7장은 법 창설의 방법에서 법질서의 단계 구조를 동적으로 고찰하는 데 중점을 둔다. 이 견지에서 보면 공법과 사법이라는 전통적 구별이 상대화된다.

제8장, '법과 국가'에서는 법과 국가의 2원적 대립을 부정하고, 양자의 동일성을 주장한다.

마지막으로 제9장에서는 전통적인 국가 주권의 도그마는 국제법과 국내법 관계라는 문제에 대해 국내법 우위를 구성하게 되었다고 한다. 그러나 이런 사고방식은 국제법을 부정하는 데 지나지 않는다. 이에 대해 국제법 우위의 구성은 단순히 소극적으로 모순을 포함하고 있지 않는게 아니라, 적극적인 근거를 지니고 있다고 주장한다.

싱어(Peter Singer, 1946~)

실천윤리학의 세계적인 거장이라 불린다. 호주 멜버른대학을 거쳐 영국 옥스퍼드대학에서 박사과정을 수료했으며, 1999년부터 미국

싱어

프린스턴대학의 생명·윤리 교수로서 활동하고 있다. 실천윤리학이라는 분야를 새롭게 정립했다는 학문적 평가를 받는다. 전통적으로 윤리학은 도덕에 대한 딱딱한 이론적 탐구였는데, 싱어는 현대인의 삶과 직결되는 의료·경제 문제 등에 대한 생생한 분석과 파격적인 대안을 제시하는 매력적인 학문으로 실천윤리학을 제시한다.

싱어의 명성은 왕성한 저술 활동과 더불어 그의 높은 대중적 인지도에 기인한다. 활발한 기고와 강연 활동을 통해서 자신의 윤리적 견해를 거침없이 피력해온 싱어는 현재 활동하고 있는 철학자 중 일반인에게 가장 많이 알려진 사람 가운데 하나다. 29세 되던 1975년에 출간된 《동물 해방》은 무려 40만 권이 넘게 팔렸으며 9개 언어로 번역되었다. 동물 권리 수호 운동의 바이블이라고 일컬어지는 이 책은 싱어의 이름을 널리 알렸을 뿐만 아니라 실천윤리학을 일반 독자에게 친숙하게 만든 성공작이었다.

그러나 명성만큼이나 싱어에 대한 비판도 세계적이다. 철학자들은 그가 너무 피상적이라고 비판하고, 일부 대중들은 낙태에 찬성하고 장애 유아와 불치병 환자의 안락사를 적극적으로 지지하는 싱어를 인종 청소를 실시한 히틀러에 빗대어 야유한다. 특히 독일에서는

1992년, 지식인 100여 명이 싱어에 반대하는 성명을 발표한 이후로 그의 강연이 공식적으로 금지되었다. 프린스턴대학으로 옮길 때에도 거센 반대 여론에 직면해야 했던 싱어는 좋아하든 싫어하든 일반인이 가장 주목하는 현대 철학자 가운데 한 사람임에 틀림없다.

여러 논란이 있지만 싱어는 앞으로 더욱 왕성한 활동을 펼치리라 기대된다. 그는 미국으로 자리를 옮기자마자 예일대학교의 유명 강좌에 연사로 초청되는 등 분주한 일정을 보내고 있는 중이다. 특히 프린스턴대학의 생명·의료윤리 분야 석좌교수로 임명된 이후로는 인간 복제·안락사·유전자 조작 등의 문제에 더 많은 관심을 쏟고 있다. 또 프린스턴대학 교수라는 위치 때문에 앞으로 미국 정부가 생명윤리에 관한 정책을 수립하는 데에도 더 많은 영향력을 발휘할 수 있을 것으로 보인다.

주요 저서로는 《민주주의와 불복종》, 《실천윤리학》, 《동물 해방》, 《이렇게 살아가도 괜찮은가》, 《사회생물학과 윤리》 등이 있다.

《민주주의와 불복종》

옥스퍼드대에서 시민 불복종을 주제로 쓴 박사 논문을 기초로 한 책이다. 이 책 《히스토리아 대논쟁》에 실린 롤스와 싱어의 가상 논쟁에서는 이 가운데에서도 롤스의 시민 불복종론을 비판적으로 다룬 대목을 중심으로 한다.

여기에서 싱어는 롤스의 시민 불복종론에 대해서 자신과 기본적인 문제의식이 공통된다는 전제로 논의를 전개한다. 입헌 민주제에서 불복종의 적절한 역할에 대한 롤스의 입장이 자신의 견해와 여러 측면에서 공통점이 있다는 것이다. 특히 "자신의 숙고된 견지에서 볼 때 자유롭고 평등한 사람들 간에 합의된 사회협동 체제의 원칙들이 존중되지 않고 있음을 공표하고 이의 시정을 공동체의 정의감에 호소하는" 행위라는 점에서 일치하고 있음을 인정한다. 결국 진정한 민주 형태의 정부와 양립 불가능한 것이 아닌 제한된 의미의 불복종은 정당한 저항으로서 중요한 역할을 할 수 있다는 생각을 공유한다.

하지만 본격적인 논의에 들어가면 핵심적인 몇 가지 영역에서 롤스의 불복종론이 지니는 한계에 대해 조목조목 비판적으로 접근한다. 싱어의 비판은 롤스의 시민 불복종론의 이론적 기반인 정의론이 갖는 애매함과 한계에 초점을 맞춘다. 그가 보기에 불복종론이 정당화될 수 있는 근거로서 롤스가 제시한 정의의 문제가 "공동체의 정의감"과 "자유롭고 평등한 인간들 간에 합의된 사회협동 체제의 원칙"을 전제로 하고 있다는 것이다. 다시 말해서 롤스는 모든 사람이 합의할 수 있는 단일한 하나의 정의감이 공동체 속에 실재한다는 것을 전제로 하여 문제의식을 확장하고 있다는 것이다. 싱어는 과연 이렇게 사회 구성원이 전체적으로 합의할 수 있는 정의감이 존재할 수 있는 것인지에 대해 의문을 던진다.

이를 통해 싱어는 롤스의 불복종론이 불복종을 정당화해줄 수 있는 근거를 심각하게 제한한다는 점에서 본격적인 비판을 전개한다. 서로 다른 정의관을 가진 사람들이 롤스가 설정한 정의의 원칙에서 벗어난 문제를 제기하여 불복종 행위에 나서고자 할 때 이를 제한하는 역할을 할 수 있음을 비판하는 것이다.

이러한 비판 이외에도 도덕적인 문제에서 불복종이 정당화될 수 있는 근거를 둘러싸고 생길 수 있는 이견에 대해서도 비중 있게 논의를 전개한다. 특히 이 과정에서 동물 해방을 주장한 사상가답게 동물이나 자연과 관련하여 전개될 수 있는 불복종의 가능성 문제를 함께 모색한다.

시민 불복종

사회 계약 이론 | 나는 원초적 입
장이 갖는 특유한 성격의 결과로서 사회의 기본 제도들에 의해 결정
되는 바, 권리와 의무를 할당하고 분배의 몫을 규제해 줄 다음과 같은
두 원칙에 대한 합의가 이루어지리라고 믿는다. 첫째 각자는 모든 사
람들에게 허용되어야 할 동일한 종류의 자유와 양립할 수 있는 한 최
대한으로 광범한 자유에 대한 동등한 권한을 갖는다. 둘째 사회적·경
제적 불평등(제도의 구조에 의해 규정되고 그에 의해 조장되는)은 모든 이
에게 이득이 되고 모든 이에게 직책과 직위가 개방될 수 있게끔 배정
되어야 한다. 이러한 두 원칙의 내용이나 그것이 사회의 주요 제도,
즉 사회 체제 전반에 적용된다는 것을 고려해서 우리는 그것을 정의
의 두 원칙으로 간주할 수 있을 것이다. 기본적인 사회 체제는 이러한
원칙에 합치하는 한 정의로우며 정의의 문제를 논의하고자 할 때는
바로 그것을 참조해서 논할 수 있을 것이다. 그러나 시민 불복종의 정

당화의 문제를 보다 깊이 이해하기 위해서는 사회 계약 이론에 의해 제시되는 바, 이러한 원칙들의 도출에 대한 해명이 요구되리라고 생각한다. 우리가 해야 할 바는 그러한 원칙이 도출되는 근거를 보이는 일일 것이다.

부정의한 법을 준수해야 하는 이유 | 입법의 과정은 형사 재판에 있어서와 마찬가지로 불완전한 절차적 정의의 경우로서 다른 두 경우와는 다르다. 여기에서 중요한 것은 결과이며 결과를 평가하기 위한 기준도 제시되어 있다. 단지 문제되는 것은 정의롭고 효율적인 법체계가 제정될 것을 보장해 줄 절차를 구성할 수 없다는 점이다. 그래서 정의로운 헌법 하에서도 부정의한 법이 제정되고 정의롭지 못한 정책이 시행될 수가 있다.

　어떤 형태의 다수결 원칙이 이용된다 할지라도 그 다수자가 입법을 함에 있어서 다소간에 고의적으로 오류를 범할 수가 있다. 민주 헌법에 합의함에 있어서 (불완전한 절차적 정의의 경우로서) 우리는 동시에 다수결 원칙을 받아들이게 된다. 헌법이 정의로우며 그로부터 이득을 받아 왔고 앞으로도 받을 계획이라고 가정한다면 우리는 다수자가 제정한 것이 부정의하다 할지라도 그에 따라야 할 자연적 의무(이것은 어떤 경우이든 의무일 수밖에 없다)와 책무를 갖는다. 이렇게 해서 우리는 부정의한 법에도 따르지 않으면 안 되는데 물론 언제나 그런 것은 아니고 부정의가 일정한 정도를 지나치지 않는다는 조건 하에서만 그러하다. (…중략…)

법이 정당하게 제정된다 할지라도 반드시 의사 결정이 올바르게 이루어지는 것은 아닌 까닭에 시민들이 그 행위에 있어서 민주적인 당국의 판단에 따른다고 할지라도 자신의 판단을 그것에 예속시킬 필요는 없다. 그래서 만일 그의 판단에 비추어볼 때 다수자의 입법이 어느 정도의 부정의를 넘어버렸을 경우 시민들은 시민 불복종을 고려하게 된다.

왜냐하면 다수자의 행위를 무조건 받아들일 필요도 없으며 우리와 타인의 자유를 유린하는 데에 순종할 필요도 없기 때문이다. 사실상 우리는 입헌 체제를 운용함에 있어서 인간의 지혜의 부족함과 정의감의 결함으로 인해 불가피하게 왜곡됨으로써 생겨나는 부담을 공유하는 정도까지만 우리의 행위를 민주 체제에 예속시키게 되는 것이다.

입헌 민주제에 있어서 시민 불복종의 지위 | 이제 시민 불복종에 대해서 논의해야 할 때가 되었다. 우선 나는 시민 불복종이란 정부의 정책이나 법률에 어떤 변화를 가져오려는 의도를 가지고 일반적으로 법에 반대해서 행해지는 공적이고 비폭력적이며 양심적인 행위로 이해하고자 한다. 시민 불복종은 시민 사회와 공동선을 규정하는 도덕 원칙에 의해서 정당화되는 행위라는 의미에서 정치적 행위이다. 따라서 그것은 개인이나 집단의 이해관계를 추구하는 것과는 다른 정치적 신념에 의거하는 것이며 입헌 민주제의 경우에 있어서 그러한 신념은 헌법 그 자체의 기초가 되는 정의관(계약론의 근거가 되는 정의관)과 관

련되어 있다고 가정할 수 있다.

　다시 말하면 효율적인 민주 체제에 있어서는 시민들이 그것에 의거해서 자신의 문제를 처리하고 헌법을 해석하는 준거가 되는 공통된 정의관이 있게 된다. 시민 불복종이란 불복종자가 그러한 정의관에 의해 정당화되리라고 생각하는 공적 행위이며 그러한 이유로 인해서 그것은 다수자의 정의감에 호소해서 저항 사태를 재고하도록 촉구하고 사회 협동체의 조건이 더 이상 지켜지지 않고 있다는 것이 불복종자의 진지한 소견임을 경고하는 것으로 이해될 수 있다. 왜냐하면 정의의 원칙은 바로 그러한 조건을 나타내는 것이며 어느 정도 오랜 기간 동안 다수자들이 기본적인 자유를 지속적이고 고의적으로 유린할 경우 공동체의 유대는 끊어지게 되고 시민들은 복종이냐 아니면 강력한 저항이냐를 결정해야 하는 선택의 기로에 서게 될 것이기 때문이다. 시민 불복종에 가담함으로써 소수자들은 다수자의 행위가 이런 식으로 계속되어도 좋은가 그리고 공동의 정의감에 비추어 그들이 소수자의 요구를 인정할 의사가 있는가를 고려하게 하는 것이다.

　시민 불복종은 다른 의미에 있어서도 역시 시민적이라 할 수 있다. 그것은 시민 생활을 규제할 원칙들에 바탕을 둔 진지한 신념의 결과일 뿐만 아니라 또한 그것은 공공적이고 비폭력적인 것으로서, 다시 말하면 그것은 체포나 처벌이 예상되기는 하나 주저없이 감수하고자 하는 상황에서 행해지게 된다. 이렇게 함으로 해서 그것은 합법적 절차에 대한 존중을 나타낸다. 시민 불복종은 법에 충실한 범위 내에서 법에 대한 불복종을 나타내는 것이며 이러한 특성으로 인해서 그것은 다수자에게 그것이 정말 양심적이고 진지하며 진정으로 그들의 정의감에 호소하기 위해 의도된 것임을 증명해 보이는 데 도움이 된다. 자신의 행위에 대해서 비밀을 없이 하고 그 행위의 법적인 결과를 기꺼이 감수한다는 것은 자신의 진지성을 보여 주기 위한 증거의 구실을 한다. (…중략…)

시민 불복종적 행위에 가담함으로써 우리는 강력한 저항이라는 관념을 무한정 포기하는 것도 아니다. 왜냐하면 만일 부정의에 반대하는 호소가 계속해서 받아들여지지 않을 경우에는 다수자가 복종이냐 저항이냐의 양자택일을 선택하겠다는 의사를 밝힌 셈이며 민주 체제하에서도 저항이 정당화될 수가 있을 것이기 때문이다. 우리는 민주 사회의 다수자가 기본적 자유를 유린하는 것을 묵과할 필요가 없다. 그러한 유린은 그 자체가 헌법을 정당화하는 기초가 되는 정의의 원칙을 무시하고 있음을 보여주는 것이다.

시민 불복종의 정당화ㅣ 지금까지 우리는 시민 불복종에 가담할 권리를 갖게 되는 경우를 고찰해왔는데 그 결론은 다음과 같은 세 가지 조건이 성립할 때 그러한 권리를 갖게 된다는 점이다. 즉 정상적인 저항들이 있었음에도 불구하고 상당한 기간 동안 다소 고의적인 부정의가 행해질 경우, 그리고 그 부정의가 시민의 자유에 대한 명백한 침해일 경우, 그리고 그와 유사한 경우에 유사한 방식으로 저항하려는 성향이 일반화되어도 합당한 결과를 가지게 될 경우이다. (…중략…)

결론: 몇 가지 반론에 관한 고찰 | 시민 불복종에 대한 이상의 입장에 대해서 그것은 정의감의 존재에 지나치게 강하게 의존하고 있다는 반론이 제기되는 것은 당연하다. 어떤 사람은 정의에 대한 감정은 강력한 정치적 힘이 될 수 없으며 인간을 움직이는 것은 재산·권력·특권 등에 대한 욕구와 같은 여러 가지 다른 관계들이라고 주장할지도 모른다. 그런데 이것은 그 대답이 지극히 추정적일 수밖에 없는 광범위한 문제이며 각자는 자기 나름의 견해를 내세우는 경향을 갖게 된다. 그러나 이미 내가 말한 바를 명료하게 해줄 두 가지 사실을 이야기한다면 첫째 내가 가정해 온 것은 입헌 체제에 있어서는 정의의 원천이 헌법의 기초임이 인정되며, 둘째 그 해석의 지침이 되는 공통된 정의감이 실재한다는 점이다. 어떤 주어진 상황에 있어서 특정한 인간이 그러한 원칙을 위반할 마음을 먹을지는 모르나 일반적으로 그러한 원칙을 위한 전체의 힘이 효력을 갖게 된다. 왜냐하면 그 원칙은 자유로운 인간들 간의 협동체에 있어서 필수 조건으로 보이기 때문이다. 그리고 아마도 민주주의의 시민들(혹은 그들 중 충분한 정도의 사람들)은 정의가 행해지는 것을 지켜보고자 할 것이기 때문이다. 이상과 같은 가정이 성립하지 않을 경우 시민 불복종을 정당화해주는 조건들(처음 세 가지)은 영향을 받지 않을 것이나 그것에 가담하는 것이 합리적인가라는 문제가 생긴다. 이렇게 되면 시민적 반대를 억압하는 데 드는 대가가 다수자의 경제적인 자기 이익(혹은 다른 어떤 것)을 침해하지 않을 경우 저항은 소수자의 처지를 보다 악화시킬 뿐이다. 물론 시민 불복종은 그 호소하는 바가 다른 사람들의 이해 관계와 일치할 경우에는 보다 더 효과적인 전략이 될 수 있을 것이다. 결국 우리가 가정한 종류

의 정의의 원칙을 무시하는 시민 불복종은 입헌 체제 자체의 존립을 위협할 것이다.

그리고 나아가서 정의감이 발휘되는 방식에 대한 오해가 있을 수 있다. 정의감은 관련된 원칙을 공언함과 아울러 상당한 정도의 자기 희생을 요구하는 이타적 성격의 행위를 동반함으로써 나타난다고 생각하는 경향이었다. 그러나 이러한 조건들은 정의감을 너무 거창한 것으로 잘못 이해한 데서 나온 것이다. 다수자가 소수자를 억압하기 위해 필요한 조처를 채택하지 못하는 경우나 법이 요구하는 바에 따라 시민 불복종의 여러 행위를 처벌하지 못할 경우에도 우리는 이를 다수자의 정의감이 발동된 예로 받아들일 수 있기 때문이다. 정의감이 부정의한 제도를 고집하려는 의지를 이겨 냄으로써 다수자가 보다 우월한 힘을 갖고 있기는 하나 양보를 하게 된다. 다수자는 소수자로 하여금 부정의에 처하도록 강요할 마음이 내키지 않게 된다. 그래서 비록 다수자의 행위가 주저하고 마지 못한 것일지라도 정의감의 역할은 가장 중요한 것이다. 왜냐하면 그것이 없다면 다수자는 마음대로 법을 시행해서 자신의 지위를 지키려 할 것이기 때문이다. 일단 우리가 이상과 같이 소극적인 방식에서이긴 하나 정의감이 기존하는 부정의를 옹호할 수 없게끔 작용하는 것을 보게 되면 그것을 민주 정치의 핵심적 요소로 인정하게 될 것이다.

끝으로 이상과 같은 설명에 대해서 그것은 시민 불복종이 정당화될 수 있는 상황에서 발언해야 할 자가 누군가라는 문제를 해결해주지 못하고 있다는 반론이 제기될지도 모른다. 그리고 그러한 문제에 대한 해답이 없는 까닭에 그것은 모든 사람들이 스스로 그 문제를 결정짓도록 권장함으로써 무정부 상태를 초래하게 된다는 반론이 있을 수 있다. 그런데 이에 대한 대답은 각자가 비록 그릇된 결정을 하게 된다 할지라도 자기 스스로 그 문제를 해결해야 한다는 것이다. 그것은 정치적 의무나 책무에 대한 어떤 이론에 있어서도 진실이며 적어도 민주 체제와 양립 가능한 어떤 이론에 있어서도 사실이다.

시민들은 자신이 하는 일에 책임을 져야 한다. 우리가 보통 법을 준수해야 한다고 생각한다면 그 이유는 우리의 정치적 원칙들이 일반적으로 그러한 결론에 이르게 하기 때문이다. 반대해야 할 정당한 근거가 없을 경우에는 준수해야 한다고 추정하는 것도 타당하다. 그러나 각자는 여건이 시민 불복종을 정당화해 주는가를 최선을 다해서 스스로 결정해야 하고 그에 대해서 책임을 져야 하는 까닭에 자기 마음이 내키는 대로 결정을 해도 좋다는 결론이 나오지는 않는다. 우리의 개인적인 이해 관계나 좁은 의미의 정치적 충성에 의거해서 우리의 마음을 정해서는 안 된다. 시민들은 헌법의 기초가 되고 그 해석의 지침이 되는 정의의 원칙에 의거해서 그리고 그러한 원칙이 그 상황에 적용되어야 하는가에 대한 자신의 진지한 신념에 비추어서 결정을 내려야 한다. 만일 시민 불복종이 정당화될 조건이 성립한다고 결론짓고 스스로 그에 따라서 행위했을 경우 그는 양심적으로 행위한 것이며 설사 잘못된다 할지라도 자신의 편의대로 한 것은 아니다.

－출전 : 《사회윤리의 제문제》, 제임스 레이첼즈 엮음, 황경식 외 옮김, 서광사, 1990

순수법학

규범적 강제질서로서의 법 | 법질

서가 그에 의해 구성된 법 공동체를 평화롭게 한다는 법학적 확인은 그 어떤 가치판단도 포함하지 아니한다. 그러한 확인은 특히 정의 가치, 결코 법 개념의 요소로 제시될 수 없으며 따라서 법 공동체와 강도 집단을 구별하기 위한 기준으로 기여할 수도 없는 그러한 정의 가치의 승인을 의미하지 않는다. (…중략…) 정의가 법을 다른 강제질서와 구분시켜주는 표지가 될 수 없다는 것은 공동체 질서를 정의롭다고 보는 가치판단이 상대적 성격을 가진다는 사실에서 명백하게 나타난다. (…중략…)

　법을 강제질서로 파악한다면, 국가 법질서의 근본 규범을 나타내는 공식은 다음과 같이 표현할 수 있다. 즉 인간에 대한 인간의 강제는 역사적으로 최초의 헌법이 규정하는 방식과 조건에 따라 행사되어야 한다. 근본 규범은 역사적으로 최초의 헌법에다가 강제행위를 확정하는 규범을 정립하는 절차를 규정할 권한을 위임한다. 어떤 규범이 객관적으로 법규범으로 해석되려면, 그 규범은 이상과 같이 근본 규범에 따른 절차를 통해 정립되는 행위의 주관적 의미이어야 하며, 나아가 강제행위를 확정하거나 또는 그러한 행위와 밀접한 관계를 맺고 있어야 한다. 따라서 근본 규범과 더불어 근본 규범 속에 강제질서인 법에 대한 정의(定義)도 포함된 것으로 전제된다. 근본 규범을 통해 전제되고 있는 법의 정의에 따를 경우, 일정한 행위가 법적으로 명령된 것으로, 즉 법 의무의 내용으로 간주될 수 있으려면, 그에 반대되는 행위가 강제행위의 조건으로 규범화되어 있고 이때 강제행위는 그렇게 행위하는 자(또는 그 구성원)에 대해 가해져야만 한다. 하지만 강제행위 그 자체가 반드시 이상과 같은 의미에서 명령될 필요는 없으며, 강제행위의 명령이나 그 집행이 단순히 권한에 그칠 수도 있다는 점을 유의해야 한다. (…중략…)

정치적 권리 | 이른바 기본권과 자유권도 정치적 권리에 속한다. 근대 국가의 헌법은 법 앞의 평등, 재산권의 자유(불가침성), 신체의 자유, 의사 표현의 자유, 특히 출판의 자유, 종교의 자유를 포함한 양심의 자유, 집회·결사의 자유 등을 보장함으로써 이러한 기본권과 자유권을 확정하고 있다. 이러한 헌법적 보장은 그 자체로 주관적 권리를 형성하는 것이 아니며, 단순한 반사적 권리도 기술적 의미에서의 주관적 사권도 형성하지 않는다. 이러한 권리들은 사실상 보장된 평등이나 법률을 통해 침해하지 말라는, 즉 폐지하거나 제한하지 말라는 금지를 의미한다. 그러나 이러한 '금지'의 본질은 주로 입법기관에 그러한 법률을 제정하지 않도록 하는 법적 의무를 부과한다는 데 있는 것이 아니라 그러한 법률들이 일단 효력을 갖게 된 경우에는 그 '위헌성'을 이유로 이러한 목적을 위해 예정된 특별한 절차에 따라 다시금 그것을 폐지할 수 있다는 데 있다. 기본권과 자유권에 대한 헌법적 보장은 법률의 내용을 소극적으로 규정하고 이들 규정에 합치되지 아니하는 법률을 무효로 할 수 있는 절차를 규정하는 헌법 규정들이다. 물론 이른바 기본권과 자유권은 법률(과 법률 대체적인 명령)뿐만 아니라 법률 집행적인 명령이나 행정 행위 또는 법원의 재판을 통해서도 침

해될 수 있다. 다시 말해 법률의 형식을 띠고 있지 않은 규범들 역시 위헌적인 요소가 있을 수 있으며 이를 이유로 폐지될 수 있다. 하지만 이들 규범이 위헌적 법률에 기초하여 정립된 것이 아니라 전혀 법률적 근거 없이 정립된 경우라 하더라도 폐지될 수 있다. 게다가 이들 규범의 내용이 헌법이 실체적 '금지'에 합치되지 아니한다는, 즉 헌법에 의해 '금지된' 내용을 가진다는 이유 때문이 아니라 이미 그러한 형식적인 이유로 말미암아 폐지될 수 있다.

법질서에 복종하는 개인들이 헌법적으로 평등을 보장받고 있다는 것은 이들 개인이 헌법에 근거한 규범, 특히 법률에 의해 평등하게 취급되어야 한다는 것을 의미하는 것이 아니다. 이러한 평등은 생각할 수 없다. 왜냐하면 어린이와 성인, 정신적으로 건강한 자와 정신적으로 병든 자, 남자와 여자 사이에 존재하는 차이를 무시하고 모든 개인에게 동일한 의무를 부과하고 동일한 권리를 부여하는 것은 불합리할 것이기 때문이다. 법률 안에서의 평등을 의도하는 한, 그러한 평등은 헌법이 일정한 차이, 예컨대 인종, 종교, 신분 또는 재산 등의 차이와 관련하여 법률 속에 이를 근거로 한 차별이 행해져서는 안 된다고 확정하는 방식으로만, 다시 말해 그러한 차별을 행하는 법률은 위헌으로 폐지될 수 있다는 것을 확정하는 방식으로만 실현될 수 있다. (…중략…) 헌법적으로 보장된 평등이나 자유를 침해하는 법률을 제정해서는 안 될 입법기관의 법적 의무란 존재하지 않으며, 국가 원수나 각료가 비준이나 공포 또는 부서를 통해 그러한 법률의 제정에 협력해서는 안 될 법적 의무가 존재할 수는 있지만 그러한 의무는 직무의무로 간주되며 따라서 국가라는 법인에 더 이상 귀속될 필요는 없다는 점에서, 국민의 평등과 자유를 존중해야 할 국가의 의무는 단지 법질서에 지향된 도덕적·정치적 요청, 즉 위에서 설명했던 헌법적 보장의 요청을 의미하는 것에 불과하다. (…중략…)

규범질서의 효력 근거: 근본 규범 | 인간의 행위와 관련된 어떤 규범이 "효력이 있다"는 말은 그 규범이 구속력이 있다는 것, 즉 인간이 그 규범에 정해진 방식대로 행위해야 한다는 것을 의미한다. 왜 규범이 효력을 갖는가, 다시 말해 왜 인간이 그렇게 행위해야 하는가 하는 물음은 존재 사실을 확정함으로써 대답되지 않는다는 점, 즉 어떤 규범의 효력 근거가 그러한 사실일 수 없음은 이미 앞에서 상세히 설명했다. 어떤 것이 존재한다는 점에서 어떤 것이 존재해야 한다는 점이 나올 수 없다. 마찬가지로 어떤 것이 존재해야 한다는 점에서 어떤 것이 존재한다는 점이 나올 수 없다. 어떤 규범의 효력 근거는 다른 규범의 효력을 전제할 때에만 가능하다. 구체적으로 말해 어떤 다른 규범의 효력 근거가 되는 규범을 하위 규범과 관련하여 상위 규범이라 한다.

(…중략…)

그러나 어떤 규범의 효력 근거를 구하는 작업은 결과에 대한 원인을 구하는 작업처럼 무한정으로 이루어질 수는 없다. 그 작업은 종국적이며 최고의 것으로 전제되어 있는 규범에서 끝날 수밖에 없다. 최고의 규범으로서 그것은 전제되어 있음에 틀림없다. 왜냐하면 그것은 더 상위의 규범에서 권한의 근거를 구해야 하는 그 어떤 권위에 의해 정립될 수 없기 때문이다. 그것의 효력은 더 이상 상위 규범에서 나올 수 없고, 그 효력의 근거는 더 이상 문제 대상이 될 수 없다. 최고의 것으로 전제되어 있는 그와 같은 규범을 근본 규범이라 할 수 있다. 하나의 동일한 근본 규범에서 그 효력을 구하는 모든 규범들은 규범들이 체계, 즉 하나의 규범질서를 이룬다. 근본 규범은 하나의 동일한 질서에 속하는 모든 규범들의 효력에 대한 공통적인 연원, 즉 공통의 효력 근거가 된다. 일정한 규범이 일정한 질서에 속한다는 점은 그 궁극적인 효력 근거가 그 질서의 근본 규범이라는 것에 근거한다. 그 질서에 속하는 모든 규범들의 효력 근거가 됨으로써 다양한 규범들의 통일성을 형성하는 것이 바로 근본 규범이다.

(…중략…)

실증주의 법학은 역사상 최초의 헌법 제정자를 최고의 법적 권위로 보며, 따라서 헌법 제정자의 명령에 복종해야 한다는 규범이 그 헌법 제정자의 상위에 있는 심급, 예컨대 신이나 자연과 같은 심급의 의사행위의 주관적 의미라고 주장할 수 없기 때문에 그러한 규범의 효력을 삼단논법을 통해 근거지울 수 없다. 실증주의 법학은 다만 그러한 규범이 법규범들의 객관적 효력을 근거지움에 있어 그리고 이 점에서 대체적으로 실효성을 갖는 강제질서를 객관적으로 효력 있는 법규범들의 체계로 해석함에 있어 전제되어 있다는 점을 확인할 수 있을 뿐이다. (…중략…)

법질서로서의 국가 | 이데올로기로부터 자유로운, 그리하여 모든 형

이상학과 신비주의로부터 해방된 국가 인식은 국가라는 사회적 구성물을 인간 행위의 질서로 파악하는 방법 이외의 방식으로는 국가의 본질을 파악할 수 없다. 일반적으로 국가는 정치적 조직으로 파악되고 있다. 그러나 이것은 국가가 강제질서라는 것을 표현할 뿐이다. 왜냐하면 이러한 정치적 조직이 갖는 특별한 '정치적' 요소는 인간에 의해 인간에 대해 행사되면서 그러한 질서에 의해 규율되는 강제, 즉 그러한 질서가 확정하고 있는 강제행위를 그 본질로 하기 때문이다. 이것은 곧 법질서가 그에 의해 규정되어 있는 일정한 조직에다가 연계시키고 있는 그러한 강제행위이다. 정치적 조직으로서 국가는 법질서이다. 하지만 모든 법질서가 국가인 것은 아니다. 원시 사회에 존재했던 국가 이전의 법질서도, 국가 위에 있는(또는 국가 상호간의) 국제 법질서도 국가는 아니다. 국가이기 위해서는 법질서가 협의의 특별한 의미에서 조직으로서의 성격을 가져야 한다. 다시 말해 법질서는 그 질서를 구성하는 규범의 창조와 적용을 위해 분업적으로 기능하는 기관들을 설치해야 하며, 어느 정도의 집중화를 이루고 있어야 한다. 국가는 상대적으로 집중화된 법질서이다. (…중략…)

국가를 사회적 공동체로 파악할 경우 이 공동체는 규범질서를 통해서만 구성될 수 있다. 하나의 공동체는 그와 같은 하나의 규범질서를 통해서만 구성될 수 있기 때문에, 아니 바로 그러한 질서와 일치하기 때문에, 국가를 구성하는 규범질서는 단지 상대적으로 집중화된 강제질서일 수 있을 뿐이며, 우리는 이러한 질서를 국가 법질서로 인식하였다.

전통적 국가론에 따를 경우 사회적 공동체로서의 국가는 세 가지

요소, 즉 국민과 국가 영토 및 독립적 정부에 의해 행사되는 이른바 국가권력으로 구성된다. 이 세 요소는 법적으로만 규정될 수 있을 뿐이다. 다시 말해 일정한 법질서의 효력과 적용 범위로서만 파악될 수 있을 뿐이다.

국민이란 한 국가에 소속된 사람들을 말한다. 만약 왜 어떤 사람이 타인과 더불어 일정한 국가에 속하는가라고 묻는다면 그가 타인과 더불어 상대적으로 집중화된 일정한 강제질서에 복종하기 때문이라는 기준 외에는 달리 기준을 찾을 수 없다. 언어나 인종, 종교 또는 세계관이 서로 다르고, 계층 간의 대립 및 기타 다양한 이해관계의 충돌로 서로 분리되어 있는 사람들을 결합하여 하나의 통일체로 묶어주는 또 다른 연결고리를 찾고자 하는 모든 시도는 결국 실패할 수밖에 없다. 법적 구속의 문제를 제쳐둔 상태에서, 한 국가에 속하는 모든 사람을 일정한 방식으로 결합시켜주는 그 어떤 종류의 정신적 상호작용을 제시하기란 특히 불가능하다. (…중략…) 흔히 말하곤 하듯이 이들이 그들의 국가와 정신적으로 결합하여 국가를 사랑하고 국가를 숭배하며 심지어 국가를 위해 죽을 준비를 갖출 수도 있다. 그러나 이들은 그렇게 하지 않더라도, 즉 국가를 증오하고 배반하며 나아가 전혀 무관심하게 국가와 대립하고 있더라도 국가의 일원인 것이다. 어떤 사람이 국가의 일원인지의 여부는 심리학적 문제가 아니라 법적 문제이다. 국민을 형성하는 사람들의 통일체는 다름 아닌, 동일한 법질서가 이들에 대해 효력을 가지며 이들의 행위가 동일한 법질서에 의해 규율된다는 사실에서 인식될 수 있다. 국민이란 국가 법질서의 인적 적용 범위이다.

법 · 국가 이원론의 해체 | 인간 행위의 질서로서의 국가가 상대적으로 집중화된 강제질서이고, 법인으로서의 국가는 이러한 강제질서가 의인화된 것이라는 점을 승인한다면, 인식이 그에 의해 구성되는 그 대상의 통일성―이 통일성의 표현이 곧 인격 개념이다― 을 실체화함으로써 성립되는 이중성으로서의 법 · 국가 이원론은 해체된다. 이 경우 국가인격과 법질서의 이원론은, 인식론적 관점에서 고찰할 때, 이와 마찬가지로 모순적인 형태를 띠고 있는 신과 세계의 신학적 이원론과 유사하다. 신학이 권력과 의지를 신의 본질이라고 주장하듯이, 국가론과 법 이론은 권력과 의지를 국가의 본질로 간주한다. 신학이 세계에 대한 신의 초월성을 주장하면서 동시에 신의 세계 내재성을 주장하듯이, 이원주의적 국가론과 법 이론은 법에 대한 국가의 초월성, 즉 국가의 초법적 존재성을 주장하면서 동시에 국가의 법 내재성을 주장한다. (…중략…)

　순수한 자연과학에 이르는 길이 신을 세계(즉 자연 질서)와 동일시하는 범신론에 의해 비로소 열렸듯이, 국가를 법과 동일시하는 것, 즉 국가를 법질서라고 보는 인식이 곧 순수한 법학의 전제이다. 하지만 국가와 법의 동일성을 통찰하고 나아가 법, 즉 정의와 동일시할 수 없는 실정적 법이란 강제질서이며 이러한 강제질서는, 의인화된 형상에 머물러 있지 않고 의인화의 베일을 뚫고 인간행위에 의해 정립된 규범으로 나아가는 인식의 관점에서 볼 때, 국가로 나타난다는 점을 이해한다면, 국가를 법을 통해 정당화하는 것은 결코 불가능하다. 이것은, 법이라는 동일한 표현이 어떤 때는 실정적 법의 의미로, 다른 때는 정당한 법(즉 정의)의 의미로 사용되지 않는 한, 법을 통해 법을 정당화하는 것이 불가능한 것과 마찬가지다.

그렇다면 국가를 '법치' 국가로 정당화하고자 하는 시도는 곧 모든 국가는 법질서라는 의미에서 법치국가일 수밖에 없기 때문에 더이상 쓸모없는 시도임이 밝혀진다. 이미 앞에서 언급했듯이, 법치국가 개념을 민주주의와 법적 안정성의 요청에 합치되는 국가에 한정하는 것은 그러한 성질을 띠는 강제질서만이 '진정한' 법질서로 간주될 수 있다는 전제를 내포하고 있다. 하지만 이러한 전제는 자연법적 선입견이다. 전체주의적 성격을 띠고 무제한적인 탄력성으로 인해 결코 법적 안정성을 제공하지 못하는 상대적으로 집중화된 강제질서도 법질서이며,—우리가 질서와 공동체를 분리하는 한—그러한 강제질서를 통해 구성된 공동체 역시 법공동체이자 그 자체가 국가인 것이다.

－출전 : 《순수법학》, 변종필·최희수 옮김, 지산(길안사), 1999

민주주의와 불복종

롤즈에 의하면 시민 불복종이란 "자신의 숙고된 견지에서 볼 때 자유롭고 평등한 사람들 간에 합의된 사회 협동 체제의 원칙들이 존중되지 않고 있음을 공표하고 이의 시정을 공동체의 정의감에 호소하는" 행위이다. 여기에서 시민 불복종은 호소나 혹은 청원의 형태로 간주된다. 따라서 롤즈는 이러한 불복종이 취해야 할 형식에 관해서 내가 도달한 것과 유사한 결론에 이르게 된다. 그래서 그는 말하기를 시민 불복종은 비폭력적이어야 하며 타인을 상해하거나 간섭해서는 안 되는 것인데 왜냐하면 폭력이나 간섭이 있을 경우에는 불복종이 호소의 형식을 갖는다는 사실이 애매하게 될 우려가 있기 때문이다. 시민 불복종은 "경고하고 일깨우는 것일 수는 있으나 그 자체가 위협이어서는 안 된다." 이와 마찬가지로 법에 대한 진지성과 일반적인 성실성을 보이기 위해서 우리는 자신의 행위에 대한 법적인 결과를 감수하겠다는 생각으로 자신이 행하는 바에 대해 전적으로 개방적이어야 한다.

(…중략…)

시민 불복종에 대한 롤즈의 정당화를 주로 뒷받침해 주고 있는 관념은 모든 이론적인 세목에 있어서는 아닐지라도 적어도 실제에 있어서 모든 사람들이 합의할 수 있는 단일한 하나의 정의감이 공동체 속에 실재한다는 것이다. 바로 그와 같은 사회의 공인된 기초가 침해될 경우에 불복종이 정당화된다. (…중략…) 시민 불복종은 "헌법과 제도 일반을 규제하는 정의의 원칙들"에 의해 정당화된다는 그의 입장으로부터 롤스는 "시민 불복종을 정당화함에 있어서 우리는 개인적인 도덕의 원칙이나 종교적인 교설에 호소하는 것이 아니고 정치적인 질서의 바탕이 되는 바 공유하고 있는 정의관에 의거한다."는 결론을 이끌어 낸다.

이것이 공통된 정의관이 존재하는 사회에만 적용될 것으로 의도되었다는 점을 염두에 둔다 할지라도 우리는 그것이 불복종을 정당화해 줄 수 있는 근거를 심각하게 제한하고 있다는 점을 알게 된다. 나는 이러한 제한이 합당한 것이 될 수 없는 두 가지 이유를 제시하고자 한다.

첫째로 불복종이 공동체에 대한 호소라면 어떻게 해서 그것이 이미 공동체가 받아들이고 있는 원칙들에만 의거하는 호소이어야만 하는가? 왜 다수자로 하여금 공유된 정의관을 변경시키거나 확대하도록 요구하는 불복종은 정당화될 수 없는가? 롤즈는 공유하는 정의관 이상을 넘어갈 필요가 결코 없다고 생각할지도 모른다. 왜냐하면 공유된 정의관이란 정의로운 사회를 위해서 필요한 모든 원칙들을 충분히 포함할 정도로 광범위한 것이기 때문이다. 롤즈는 불복종이 그러한 공유된 정의관으로부터 시민 사회가 지나치게 이탈하지 않도록 보장하는 데 유용한 것일 수는 있으나 정의관 그 자체는 비판될 수 없는 것이라고 할지도 모른다. 이러한 입장에 의하면 정의로운 사회는 훌륭한 한 벌의 기계와도 같아서 우연히 얼마간 마찰이 생길 경우에는 윤활유가 필요할지는 모르나 기본 구조는 변경할 필요가 없다.

물론 롤즈는 정의(definition)에 의해서 그러한 입장을 정당화할 수가 있다. 이미 우리가 보아 왔듯이 그는 자신의 불복종 이론이 공통된 정의관을 갖는 사회에만 적용된다고 정의했었다. 만일 이로써 롤즈가 의미하는 바가 공유된 정의관이 사회의 모든 사람이 행할 수 있는 가능한 합당한 요구를 모두 포괄하는 경우에만 그의 이론이 적용된다는 것이라면 공유된 정의관을 확대하거나 넘어서고자 하는 불복종은 정당화될 수 없다는 결론이 나온다. 그러나 이러한 결론이 나오게 되는 것은 롤즈가 공유된 정의관이라는 개념을 사용하는 방식을 그렇게 규정했기 때문인 까닭에 그것이 참이라 할지라도 별다른 의미가 없으며 현실 사회에 있어서 불복종의 정당화 문제를 해결하려는 자에게는 전혀 도움이 되지 못하게 될 것이다.

만일 롤즈가 이런 식으로 자신의 입장을 무의미하게 만들고 싶지 않다면 그는 적어도 그가 생각하기에 합당한 정의감을 갖는 어떤 사회를 지적할 수 있어야만 할 것이다. 이렇게 해서 우리는 처음의 문제, 즉 불복종이 그러한 특정한 정의관을 갖는 사회에서만 정당화되는 이유는 무엇인가라는 문제에로 다시금 인도된다. 롤즈 식의 주장은 어떤 사회나 사회들에 의해 현재 지지되고 있는 정의관을 모든 시대에 타당한 기준으로 승격시키게 된다. 어떤 현존하는 사회가 더 이상 개선될 여지가 없는 정의관을 공유하는 일이 가능한가? 우리 자신은 특정한 사회의 정의관이 개선되는 것을 볼 수 없을지는 모르나 언젠가는 그것이 그 적용에 있어서 뿐만 아니라 정의관 그 자체에 있어서 결함이 나타나리라는 가능성을 배제할 수 없음은 명백하다. 이러한 경우에 다수자로 하여금 그 정의관을 재고하게끔 계획된 불복종이 정당화될 수 있을 것이다.

나는 롤즈가 이러한 난점들 중 어느 하나를 피할 수 있는 길이 있다고 생각하지 않는다. 그의 정의관은 순수히 이상적인 것이어서 우리의 현실적 문제에 아무런 도움도 되지 못하든가 아니면 그것은 어떤 현실 사회가 공유하고 있는 정의관에 대한 근본적인 반대를 행하는 방식으로서 불복종을 사용하는 것을 부당하게 배제하게 된다.

롤즈의 시민 불복종 이론은 정당한 불복종의 근거에 대한 두 번째의 명백한 제한을 내포하고 있다. 이미 우리가 보았듯이 그는 불복종은 정의에 의거해서 정당화되어야 하며 "개인적인 도덕의 원칙이나 종교적 교설"에 의해 정당화되어서는 안 된다고 말한다. 인용된 구절이 의미하는 바가 정확히 무엇인가는 분명하지는 않으나 롤스는 "정치적 질서의 바탕이 되는 공유된 정의관"과 그것을 대비하고 있는 까닭에 우리는 그것이 이러한 공유된 정의관의 일부가 아닌 모든 입장들을 포함하는 것으로 간주할 수가 있다. 따라서 그것은 실질적인 제한을 내포하는 셈인데, 왜냐하면 롤스에 따르면 정의의 영역 외부에도 중대한 도덕의 영역이 있게 되기 때문이다.

그에 의하면 정의론은 "도덕적 입장의 일부에 불과하다." 정의가 적용될 수 없는 도덕의 영역의 한 사례로서 롤스는 동물과 인간의 관계를 예로 들고 있다. 그는 말하기를 비록 우리가 동물들에게 정의를 베풀어야 할 의무는 없으나 그것들을 잔인하게 대하는 것은 그릇된 일이라고 한다. 만일 우리가 시민 불복종의 정당화는 정의에 의거해서 이루어져야 한다는 생각과 이러한 주장을 관련지어본다면 우리는 롤스가 동물에게 아무리 잔혹하게 대할지라도 그로 인해 불복종이 정당화될 수 없다는 주장을 하게 된다는 것을 알 수 있다. 물론 롤스는 동물에게 지나치게 그리고 광범위하게 잔인한 행동을 하는 것이 대단한 도덕적 악이라는 점을 받아들일 것이다. 하지만 그의 입장에 따를 경우 정부가 그러한 잔인한 행위를 허용하거나 혹은 조장할지라도(아마도 관중을 즐겁게 하기 위해서나 혹은 오늘날에 있어서는 실험을 위한 목적으로 그럴 가능성이 더 크겠지만) 이러한 부정의에 대한 시민 불복종이 정당화될 수는 없는 반면 그보다 덜 심각한 일에 대한 불복종이 공유된 정의관에 위배된다는 이유 때문에 정당화된다. 이는 놀랍고도 부당한 결론이라고 생각한다.

정의관에 속하지 않는 이 밖에 다른 영역의 도덕에 있어서도 이와 유사한 반론이 제기될 수 있을 것이다. 롤즈가 다른 어떤 사례를 제시하고 있는 것은 아니나 그가 암시하고 있는 바에 의하면(그것은 그의 정의론이 함축하고 있는 것인데) 만성적인 정신 질환을 치료하는 것도 정의의 영역 내에 속하지 않게 된다. 지금까지 내가 롤즈의 시민 불복종론을 비판해 온 것은 그것이 불복종을 정당화할 수 있는 근거의 종류에 부과하고 있는 어떤 제한 조건 때문이다. (…중략…)

다음 구절을 생각해 보기로 하자. "어느 정도 정의로운 민주 체제에 있어서는 시민들이 그늘의 정치적 문제들을 규제하고 헌법을 해석함에 있어서 준거가 되는 공공적인 정의관이 존재한다고 가정되고 있다. 상당한 기간에 걸쳐 이러한 정의관의 기본 원칙들이 계속해서 고의적으로 침해될 경우 특히 기본적인 평등한 자유의 유린이 있을 경우 복종이냐 저항이냐의 양자택일이 불가피하게 된다. 시민 불복종에 가담함으로써 소수자는 다수자로 하여금 그들의 행위가 이런 식으로 해석되어도 좋은지 아니면 공통된 정의감에 비추어서 소수자의 정당한 요구를 받아들일 것인지를 깊이 생각하게끔 한다."

물론 다수자의 행위가 단지 이기적인 목적을 위해서 기본적인 정의의 원칙을 고의적으로 위반하는 것으로 간주될 수 있는 어떤 경우들이 있을 것이다. 이러한 행위는 "복종이나 저항"을 초래하게 된다. 하지만 그러한 경우들을, 불복종의 정당화 여부가 문제될 수 있는 전형적인 상황으로 생각하는 것은 잘못이다. 사회가 공통된 정의관을 공유하고 있는 경우라 할지라도 그러한 정의관을 구체적인 경우에 적용함에 있어서는 합의가 이루어지기 어렵다. 롤즈는 언제 정의의 원칙들이 침해되고 있는지 반드시 분명한 것이 아님을 인정하고 있기는 하나 대체로 명백하다고 생각하며 특히 평등한 자유의 원칙(롤즈에 있어서는 정의의 제1원칙)이 관련될 경우에는 그러하다고 본다. 예를 들어서 "어떤 종교 단체가 억압당할" 경우나 "어떤 소수자에게 투표할 권리나 공직에 임할 권리가 거부될…" 경우는 분명히 그러한 원칙에 위반되는 것이다. 롤즈에 의하면 이러한 경우들은 당장에 드러난다고 한다. 그러나 과연 그러할까? 티모디 리어리(Timothy Leary)의 심령 발견 단체는 LSD라는 약물을 궁극적인 심령의 실체를 탐색하는 수단으로 이용하는 종교 단체라고 주장하고 있다. 이 밖에 종교적 예식에 환각제를 쓰는 단체는 적어도 세 개—신 미국 교회(the Neo-America Church), 각성의 교회(the Church of Awakening), 토착 미국 교회(the Native American Church)—를 더 들 수 있다. 이러한 단체들 중 토착 미국 교회만 그렇게 행할 수 있는 법적인 인가를 받고 있다. 종교의 자유가 다른 단체들에게는 거부되고 있는 것인가? 어떤 경우에 한 단체가 종교 단체로 인정되는가? 소수자에게 투표를 거부함에 있어서도 이와 유사한 문제들이 생겨난다. 어린 아이에게 투표를 거부하는 것은 평등한 자유를 침해하는 것인가? 유죄 판결을 받은 죄수들에게 거부하는 것은 어떤가? 이러한 경우들이 예외로 간주되어 마땅하다고 생각될지도 모른다. 그러나 백여 년 전에는 존경할 만한 많은 시민들까지도 흑인과 여자는 투표권을 가져서는 안 된다는 사실이 명백한 것으로 보았고, 로크조차도 무신론과 가톨릭교를 억압하는 것과 종교적 관용의 원칙은 당연히 양립할 수 있다고 생각했다.

종교적인 박해나 투표권을 부인하는 것을 넘어서게 되면 행위의 정의 여부에 대한 심각한 의견 대립의 가능성을 수반하는 복잡한 논쟁거리가 훨씬 더 많이 눈에 띈다. 근래에 시민 불복종을 결과하게 된 많은 문제들은 이와 같이 보다 복잡한 종류에 속하는 것들이었다. 대부분의 문제가 어떤 공통된 원칙들을 고의적으로 무시하는 데서 생겨난다고 가정하고 권리의 형태로건 아니면 정의의 원칙이라는 형태로건 간에 다수자가 정당하게 행할 수 있는 바에 대해서 구체적인 제한을 가하는 입장에 내가 반론을 제기하게 된 것은 바로 이상과 같은 이유 때문인 것이다.

-출전 : 《사회윤리의 제문제》, 제임스 레이첼즈 엮음, 황경식 외 옮김, 서광사, 1990

키워드

● **경영참여제도** 일반적인 의미에서 노동자 또는 노동조합이 기업 경영에 참여하는 제도를 말한다. 경영 참여의 구체적인 방법으로는 다양한 형식이 존재한다. 노동자 대표나 노동조합이 경영상의 의사 결정에 참여하는 방식으로 나타나는 경우 노사협의회나 노사공동결정의 형식을 통해서 이루어진다. 또 종업원지주제도에 의한 자본 참여, 이윤분배제도에 의한 이윤 참여의 형식으로 나타나기도 한다. 기본적으로 자본과 노동의 대립이 경영참여제도가 발전하게 된 배경으로 작용하였다. 노동과 자본 간의 대립에 기초하여 경영민주주의 또는 산업민주주의를 기조로 한 노사 간의 협동관계 형성을 목적으로 하여, 제1차 세계대전 이후 독일을 비롯한 선진제국에서 다양한 형태로 발전해왔다.

● **국민발안제** 국민이 스스로 헌법개정안이나 중요한 법률안을 국회에 제출할 수 있는 제도로, 이를 실시하기 위해서는 대체로 일정 수 이상의 동의가 있어야 한다. 직접민주제의 한 형태로서 국민창안제라고도 한다. 스위스와 미국의 여러 주에서 실시되고 있다. 한국에서는 1962년 제5차 개헌에서, 헌법 개정에 대하여 국회의원 선거권자 50만 인 이상의 찬성으로 제안할 수 있게 하는 국민발안제가 채택되었으나 1972년 제7차 개헌에서 폐지되었다.

● **국민소환제** 선거에 의하여 선출된 대표 중에서 유권자들이 부적격하다고 생각하는 자를 임기가 끝나기 전에 투표에 의하여 파면시키는 제도를 말한다. 이 제도는 국민이 선임하였기 때문에 해임도 같은 방법으로 하여야 한다는 데 그 이론적 근거를 두고 있다. 국민소환제는 주로 국회의원 등을 대상으로 이루어지는 소환을 의미하고, 지방자치단체장이나 지방의원의 경우에는 주민소환이라는 표현을 사용하기도 한다. 주민소환제는 위법·부당 행위를 저지르거나 직무가 태만한 지자체장과 지방의원을 대상으로 지역 투표권자 3분의 1 이상이 투표하여 유효 투표 중 과반수 이상이 찬성하면 언제든 해임할 수 있는 제도다.

● **그린피스**(GREENPEACE) 1971년 캐나다 밴쿠버 항구에 환경보호운동가 12명이 모여 결성한 국제적인 환경보호 단체다. 본래 프랑스 핵실험을 반대하기 위하여 발족하였고, 고래 보호 단체로도 유명하다. 그 후 원자력발전 반대, 방사성 폐기물 해양 투기 저지 운동 등 폭넓은 활동을 통해 1979년 전 세계 5개 국가에 있던 지부가 1992년에는 24개국으로 늘어났으며, 1992년 브라질 리우데자네이루에서 열린 유엔환경개발회의(UNCED)를 통해 활동이 널리 알려지면서 전 세계로 지부가 확산되었다. 현재는 기후, 유독성 물질, 핵, 해양, 유전공학, 해양 투기, 산림 등 다양한 분야에서 적극적인 활동을 펼치고 있다. 2002년 기준 전 세계 39개국에 43개 지부가 있으며, 160여 개국 300만 명의 회원이 내는 기부금으로 운영된다. 본부는 네덜란드 암스테르담에 있다.

● **대의제**(代議制) 국민이 직접 국가의 의사를 형성하지 않고, 대표자를 통하여 간접적으로 의사 결정 과정에 참여하고 그에 구속되는 국가 의사 결정의 원리다. 근원은 명확하지 않으나, 13세기를 전후로 영국에서 최초의 대표 기구가 등장하여 프랑스나 스페인, 독일, 이탈리아 등으로 전파된 것으로 보인

다. 이후 르네상스와 계몽주의를 기점으로 통치권이 피치자의 동의에서 나와야 한다는 이론이 힘을 얻고, 18세기에 이르러 영국의 에드먼드 버크가 대표자는 선출자가 아닌 독자적인 양식과 판단에 구속된다고 주창한 대표 이론에 이르면서 근대적 대표제가 발전하였다.

● **로널드 드워킨**(Ronald Dworkin, 1931~) 미국에서 태어났고 예일대학, 옥스퍼드대학, 런던대학에서 법철학을 강의했다. 법철학자로서 현대 영미 법철학에 끼친 영향이 지대한데, 특히 영미 법철학이 법리학의 모습을 넘어서 정치철학이자 도덕철학으로서의 모습을 갖추는 데 주요한 역할을 했다. 도덕철학 속에서 법철학의 기초를 찾고자 하는 그의 모색은 법실증주의가 주류를 이루고 있던 영미 법철학에서는 혁신적인 것이었다. 특히 그의 자유주의적 평등론은 현대 정치철학계에서 커다란 주목을 받고 있다. 비록 대학에 재직하고 있지만 그의 철학은 강단철학이 아니다. 현대 사회의 첨예한 문제들, 유전공학·동성애·안락사 등의 문제를 비롯해서 선거비용 한계에 대한 것에 이르기까지 사회적 문제가 논의되는 곳에서는 어디에서나 평등주의적 자유주의에 입각한 그의 견해를 들을 수 있다.

주요 저서로는 《권리론》, 《법의 제국》, 《최고의 덕》, 《원칙의 문제》, 《생명의 지배》, 《자유의 법》 등이 있다.

● **마하트마 간디**(Mohandas Karamchand Gandhi, 1869~1948) 인도의 정신적·정치적 지도자로, 영국으로부터의 독립 운동을 이끌었다. 영국의 대학에서 법학을 공부하여 1891년 변호사 자격을 취득했다. 라지코트와 뭄바이에서 변호사 생활을 하다가 일 년 계약으로 남아프리카의 인디아계 상사에서 근무하였다. 남아프리카공화국에서 생활하면서 백인들에게 차별당하는 동족들을 보고 많은 생각을 하게 되었다. 그는 일생 동안 정치적인 목적을 위한 폭력을 거

부했는데, 그의 비폭력주의는 인도뿐만 아니라 국제적으로도 큰 영향을 주었다. 1918년 인도 국민회의의 지도자 역할을 맡은 것을 전후로 자유를 얻기 위한 투쟁의 선봉에 서면서, 간디는 인도의 상징 중의 하나가 되었다. 또 그때부터 '위대한 영혼'이라는 뜻의 '마하트마(Mahatma)'로 불리게 되었다.

● **멕시코 전쟁** 1845년, 미국의 텍사스 병합으로 시작된 전쟁이다. 미국 대통령 J.K. 포크는 목화 재배지 확대를 바라는 대농장주들의 요구에 따라 멕시코 정부에 영토 매수 교섭을 벌였으나 실패하였다. 국경에서는 양국 군대 간에 충돌이 일어났고, 결국 미국 의회는 1846년 5월 11일 멕시코에 전쟁을 선포하였다. 노예 문제를 둘러싸고 대립이 격화되는 것을 두려워한 대서양 연안의 각 주(州)의 반대가 있었지만 전쟁은 미국군의 승리로 끝이 났다. 1848년 2월 과달루페 - 이달고 조약을 체결, 미국은 희망하던 대로 서부로 영토를 확장하여 거의 현재의 영토를 확보하였다. 그러나 정치적으로는 남부의 발언권이 증대되고, 노예제를 둘러싼 논쟁이 더욱 격화되었다.

● **미셸 푸코**(Michel Foucault, 1926~1984) 프랑스의 철학자로, 콜레주드프랑스에서 자신이 '사상사(The History of Systems of Thought)'라고 이름 붙인 과목의 교수를 지냈다. 푸코는 다양한 사회적 기구에 대한 비판, 특히 정신의학, 의학, 감옥의 체계에 대한 비판과 성의 역사에 대한 연구로 널리 알려졌다. 권력과 지식의 관계에 대한 이론과 서양의 지식의 역사에 관한 '담론'을 다루는 그의 사상은 많은 논쟁을 불러일으켰다. 또한 그의 글은 인문학, 사회과학의 많은 영역에 걸쳐 지대한 영향을 끼쳤다.

현재의 비평가들은 그의 작업을 포스트모더니즘이나 후기 구조주의의 관점에서 기술하는 데 반해, 1960년대에는 그를 구조주의와 연결하는 경우가 많았다. 그러나 그는 구조주의자들의 접근 방식과 자신의 차이를 강조했으며, 자신의 작업에 포스트모더니즘이라는 설명이 붙는 것을 환영하지 않았다. 그는 '근대성(modernity)'이 어떻게 정의되는지에 관심이 있을 뿐이라고 말했다.

주요 저서로 《광기의 역사》, 《말과 사물》, 《지식의 고고학》, 《담론의 질서》, 《감시와 처벌》, 《성의 역사》 등이 있다.

● **베트남 전쟁** 1945년 8월 일본이 패망하자 베트민(Viet Minh)이라고 알려진 베트남의 공산주의자들은 8월 혁명을 통해 하노이를 장악했고, 호치민은 베트남민주공화국을 선포했다. 베트민과 프랑스의 직접적 무력충돌인 제1차 베트남 전쟁은 1954년 5월 7일 베트민의 승리로 끝났다. 한편 남베트남에서는 미국의 후원을 받아 응오 딘 디엠(Ngo Dinh Diem)을 대통령으로 하는 베트남공화국이 건국되었다. 디엠 정권은 제네바 협정에서 합의된 총선 실시 조항을 거부하고 미국의 후원을 받아 남베트남 내의 공산당 운동원과 지부에 대한 군사적 공세를 펴기 시작했다. 이에 미국은 1961년 케네디 대통령의 결정으로 남베트남에 군대를 파견한다. 미국은 베트남전을 공산주의를 바탕으로 한 민족해방주의자들이 일으킨 전쟁이자 인도차이나 반도에서 공산주의가 확대되는 것을 저지하기 위한 전쟁이라고 간주했다. 1973년 파리평화협정에서 미국이 정전협정에 합의하면서 전쟁은 일단락되었는데, 이 기간 동안 미국은 4만 7천 365명의 군 병력을 파견했고, 그중 1만 1천 명이 사망했다.

● **벤자민 바버**(Benjamin Barber, 1939~) 대표적인 직접민주주의의 옹호자다. 특히 전자민주주의를 통해 직접민주주의적인 대안을 모색하는 것으로 유명하다. 바버는 국가 내에서의 국민투표와 국민발안, 공동체 조직에로의 권력 위임 등을 강조한다. 지역의 문제를 해결하기 위한 지역 차원의 동원력을 확대 사용하기 위해 시민들이 협의하고 직접 결정하는 기회를 더 증대시켜야

한다고 주장한다.

● **아고라**(Agora) **민주주의** 아고라는 고대 그리스 도시국가의 중심지에 있는 광장을 가리키는데 당시의 정치, 사회제도에서 중요한 역할을 담당했다. 모든 그리스의 도시국가에는 아고라가 있었는데, 그중에서도 아테네의 아고라는 아테네 민주주의 발전에 크게 기여했다. 아고라는 일차적으로 일반 자유 시민들의 집회 장소였고, 그러한 의미에서 아고라 민주주의는 열린 광장에서 시민들이 직접 참여하는 민주주의를 의미한다.

● **아우렐리우스 아우구스티누스**(Aurelius Augustinus, 354~430) 초대 그리스도교 교회가 낳은 위대한 철학자이자 사상가다. 로마제국 말기에 청년 시절을 보내며 한때 타락 생활에 빠지기도 하였으나, 19세 때 키케로의 《철학의 권유》를 읽고 지적 탐구에 강렬한 관심이 쏠려 마침내 선악이원론(善惡二元論)과, 체계화하기 시작한 우주론(宇宙論)을 주장하는 마니교로 기울어졌다. 그 후 회의기를 보내며 신(新)플라톤주의에서 그리스도교에 이르기까지 정신적인 편력의 시기를 보냈다. 아우구스티누스는 고대 문화 최후의 위인이었으며, 동시에 중세의 새로운 문화를 탄생하게 한 선구자였다.
　　주요 저서로 《고백록》, 《삼위일체론》, 《신국론》 등이 있다.

● **68혁명** 1968년 봄, 파리 낭테르대학 학생들이 학내 문제로 파업을 일으켰다. 처음 시작은 학내 문제였지만 시위의 성격은 베트남 전쟁 반대, 소련의 체코슬로바키아 침공 반대로 이어지면서 기성세대와 국가권력에 저항하는 운동이 되었다. 또 지역적으로는 파리에서 시작되었지만 독일과 미국으로까지 번졌다. 이들은 록음악으로 자신들의 의사를 표현하기도 했고, 책이나 유인물을 발간하여 주장을 표하기도 했다. 또 기성세대에 반대한다는 표시로

마약이나 프리 섹스 등의 행위를 하기도 했다.

● **위르겐 하버마스**(Jürgen Habermas, 1929~) 1994년 독일 프랑크푸르트대학에서 정년퇴직하고 현재 명예교수로 강의를 계속하고 있다. 지난 30년간 27권에 이르는 저서를 거의 매년 발간하면서 사회철학 영역을 개척하는 역할을 했다. 20세기 최고의 논쟁가로 불리기도 한다. 그가 관여한 대표적 논쟁만 손꼽아도 1960년대 칼 포퍼와의 실증주의 논쟁, 가다머와의 역사성 논쟁, 마르크스주의와의 논쟁, 1970년대 니콜라스 루만과의 사회체계 논쟁, 네오마르크스주의자들과의 국가론 논쟁, 영미 분석철학자들과의 언어 성격 논쟁, 1980년대 프랑스 철학자들과의 포스트모던 논쟁 등 헤아릴 수 없이 많다. 이런 논쟁을 통해 그는 전후 세계 지성의 주요 흐름과 일정한 긴장 관계를 유지하며 자신의 사상을 키워왔다. 이런 논쟁의 과정에서 그가 일관되게 유지한 입장은 대화를 통한 이성의 확립이었다.

● **위헌법률심판제도** 헌법에 위배되는 법률에 대해 헌법재판소에 심판을 청구하여 그 효력을 무효화할 수 있는 제도다. 어떤 법률이 헌법의 내용에 위반되거나 헌법의 정신에 위배될 때 이 제도에 따라 헌법재판소에 위헌법률심판을 청구할 수 있으며, 헌법재판소에서 위헌 결정이 나면 그 결정은 법원을 비롯하여 모든 국가기관과 자치단체에 구속력을 가진다. 그리고 형벌에 관한 법규는 소급하여 그 효력을 상실한다.

● **저항권** 국가권력이 국민의 기본권을 침해하여 불법적으로 행사될 경우 복종을 거부하거나 실력 행사를 통하여 저항할 수 있는 국민의 권리를 말한다. 근대적 의미의 저항권은 17~18세기에 이르러 대두된 자연법 사상과 사회계약설, 특히 로크의 사상을 배경으로 하여 성립하였다. 미국의 독립전쟁과 프

랑스 혁명 등에 큰 영향을 끼쳤던 저항권은 19세기에 이르러 재판 제도의 정비와 법실증주의로 인하여 한때 자취를 감추었다. 그러나 20세기 파시즘이 대두하고 그에 대항하는 저항 운동이 나타나면서 저항권은 다시 전면에 부각되었다. 제2차 세계대전 후 독일연방공화국 기본법 개정에서 규정된 저항권 조항이 그 구체적인 표현이다. 저항권의 성질에 관하여는 그것이 엄격한 의미에서의 법적 권리가 아니고 초실정법적(超實定法的) · 자연법적 · 도덕적 · 이념적인 개념에 불과하다는 주장과, 적어도 실정법에 규정된 이상은 법적 권리로 보아야 한다는 입장이 대립하고 있다.

● **토머스 홉스**(Thomas Hobbes, 1588~1679) 영국의 근대 철학자. 성악설을 전제로, 모든 사람이 자기 이익만을 끝까지 추구하는 자연 상태에서는 만인의 만인에 대한 투쟁 상황이 벌어지기 때문에 각자의 이익을 위해서 사람은 계약으로써 국가를 만들어 자연권을 제한하고, 국가를 대표하는 의지에 그것을 양도하여 복종해야 한다고 보았다. 그리고 전제 군주제를 이상적인 국가 형태라고 생각하였다.

　주요 저서로 《리바이어던》, 《자연법과 국가의 원리》 등이 있다.

● **헌법소원제도** 국가권력이 헌법상 보장된 국민의 기본권을 침해하는 경우에 국민이 헌법재판소에 자신의 기본권을 침해하는 국가권력의 행위가 헌법에 위반되는지를 가려내어 그 행위의 효력을 없애줄 것을 요청하는 제도다. 모든 국민은 자신의 권리가 침해되었을 경우 우선 일반 재판 등과 같이 법률이 정하여 놓은 방법에 의하여 권리를 구제받게 된다. 그러나 침해받은 권리가 헌법이 보장하는 기본권이고 이러한 방법으로도 충분한 구제를 받지 못한 경우 국민은 헌법재판소에 그 기본권을 침해하는 행위를 취소하거나 위헌임을 확인하여 주도록 헌법소원심판을 청구할 수 있다.

● **헨리 데이비드 소로**(Henry David Thoreau, 1817~1862)　매사추세츠 주의 콩코드에서 태어났다. 어려서부터 생각이 깊은 아이였으며 아름다운 콩코드에서 태어난 것을 무엇보다 큰 행운으로 여겼다. 하버드대학을 졸업했지만 부와 명성을 좇는 화려한 생활을 따르지 않고 고향으로 돌아와 자연 속에서 글을 쓰며 일생을 보냈다. 생전에는 자신의 저술로 경제적인 성공을 거두거나 주목을 받지 못했지만, 월든 호숫가에서 통나무집을 짓고 생활한 2년간의 경험을 기록한 《월든》은 19세기에 쓰여진 중요한 저작으로 평가받는다. 그리고 인두세 납부를 거부하여 수감된 사건을 통해 개인의 자유에 대한 국가권력의 의미를 깊이 성찰한 《시민의 불복종》은 세계의 역사를 바꾼 책으로 꼽힌다. 1862년에 45세의 나이에 결핵으로 생을 마쳤다.